Dominik Bloh
Unter Palmen aus Stahl

DOMINIK BLOH

UNTER PALMEN
AUS STAHL

DIE GESCHICHTE EINES STRASSENJUNGEN

GULLIVER
von BELTZ & Gelberg

roatattddllllllEbenfalls lieferbar:

Ebenfalls lieferbar:
»Unter Palmen aus Stahl« im Unterricht – in der Reihe
Lesen – Verstehen – Lernen
ISBN 978-3-407-72005-4
Beltz Medien-Service, Postfach 10 05 65, 69445 Weinheim
Kostenloser Download: www.beltz.de/lehrer

Dieses Buch ist erhältlich als:
ISBN 978-3-407-81256-8 Print

© 2021 Gulliver
in der Verlagsgruppe Beltz • Weinheim Basel
Werderstraße 10, 69469 Weinheim
Alle Rechte für diese Lizenzausgabe vorbehalten
© 2017 ANKERHERZ VERLAG GmbH, Hollenstedt
Alle Rechte vorbehalten
Lektorat: Olaf Kanter, Hamburg
Neue Rechtschreibung
Einbandgestaltung: Tom Möller, Wyk auf Föhr
Fotografie: Axel Martens, Hamburg
Illustration: Charlotte Hintzmann, Berlin
Druck und Bindung: Beltz Grafische Betriebe, Bad Langensalza
Printed in Germany
2 3 4 5 6   25 24 23 22 21

Weitere Informationen zu unseren Autor_innen und Titeln
finden Sie unter: www.beltz.de

What is life for me?
Living out of my backpack every night
Needed a new place to sleep
But this is now.

Schoolboy Q // Blessed

INHALT

INTRO

Schreiben.
Hamburg-Eimsbüttel, 2017

Ich schreibe. In meiner Wohnung. Das ist ungewohnt. Geschrieben habe ich schon als Kind, aber eine eigene Wohnung hatte ich noch nie.

Ein warmer Ort. Licht, Wärme und Strom. Schlafen, Essen und Hygiene. Mir fehlt nichts. Ich habe wenig, aber ein Zuhause.

Ein Badezimmer, immer warmes Wasser, waschen. Ganz in Ruhe.

In der Küche stehen zwei Müllsäcke, der Staubsauger und ein Wischmopp. Die Schränke sind leer. Die Küche ist ein schwieriger Ort.

Für manche klingen zwanzig Quadratmeter klein. Für mich ist es unmöglich, diesen Raum zu füllen. Ich habe einen Tisch, an dem ich schreiben kann, und eine Matratze. Ich habe keinen Kleiderschrank. Alles, was ich habe, trage ich seit einem Jahrzehnt in meiner schwarzen Nike-Tasche.

Seit meinem 16. Lebensjahr war ich Couchsurfer, Kurzzeit-Untermieter, Mietnomade, obdachlos. Jetzt bin ich 29, sitze in meiner Wohnung, für die ich vor einem Jahr die Schlüssel bekommen habe, und schreibe darüber, wie es ist, auf der Straße zu leben, und wie es dazu kam.

Die Straße bleibt in meinem Kopf.

ZUHAUSE, VERLOREN.

Allein.
Hamburg-Barmbek, 2005

Fünfter Februar. Ich komme ein paar Minuten zu spät in die Schule. Der Unterricht hat bereits angefangen. Mein Lehrer verlangt eine Erklärung für die Verspätung und fordert eine Entschuldigung. Ich denke nur: „Für was in den letzten Stunden soll ich mich entschuldigen?" Ich bringe kein Wort heraus. Zur Strafe fliege ich aus der Klasse und muss bis zur Pause auf dem Gang warten.

Ein paar Stunden vorher ging es für mich raus auf die Straße. Meine Mutter setzte mich vor die Tür. Endgültig, mit meiner gesamten Habe, es passte alles in zwei Koffer. Es war finster, als ich nach draußen trat. An der Hauptstraße drehte ich mich noch einmal um und guckte zurück auf die Wohnung. In der hohen Schneedecke waren nur die Spuren der Räder der Rollkoffer und meine Fußabdrücke zu sehen. Ab hier war ich auf mich alleine gestellt.

Die ersten Schritte ging ich noch mit einem Ziel durch die dunklen Straßen. Ich hatte einen Plan. Nicht weit weg wohnte ein Freund. Er hatte eine eigene Wohnung. Es brannte Licht, als ich bei ihm vor der Tür stand und klingelte. Ich sah in sein Zimmer, und er schaute hinunter. Ich winkte hoch und klingelte erneut. Das Licht ging aus. Die Tür blieb zu. Da wusste ich nicht mehr, wohin.

Die Nacht war eiskalt, und Schnee fiel. Ich floh nur noch zum immer nächstwärmeren Platz. Es trieb mich zum Bahnhof in Barmbek. Mit zwei Koffern saß ich auf einer Bank an der Busstation. Dort begegnete ich später meiner Mutter wieder. Sie holte sich Frühstück beim Bäcker. Ich fragte, ob sie mir auch etwas holen könne. Sie verneinte.

Der Tag brach an. Bald würde die Schule beginnen. Direkt nebenan wohnte Björn, ein Mitschüler und Kollege vom Basketball. Dort durfte ich meine Koffer stehen lassen.

Der Lehrer schaut mich erwartungsvoll an. Ich stehe nur da mit meinen durchnässten Klamotten, in der Hand meinen Schreibblock und meinen Stift. Das, was ich aus dem Koffer mitgenommen habe. Meine Gedanken rasen, doch ich kann nichts sagen.

Kaba-Zeit.
Neu-Ulm, 1988

Ich bin in Neu-Ulm auf die Welt gekommen, am 24.06.1988. An Neu-Ulm fließt die Donau entlang, sie trennt Bayern von seinem Nachbarbundesland Baden-Württemberg. Auf der anderen Seite des Flusses liegt Ulm. Wir wohnen in Neu-Ulm. Ich sehe eine Straße vor mir, eine graue Hausfassade, vielleicht würde ich sie finden, wenn ich vom Bahnhof Neu-Ulm aus suchen würde.

Meine Mutter ist 18 Jahre alt, als sie mit mir schwanger wird. Mein Vater verlässt sie noch in der Schwangerschaft. Sie arbeitet als Krankenschwester im Schichtdienst. Meine Großeltern ziehen mich auf, bei ihnen habe ich ein Kinderzimmer. Bilder von mir und meinem Opa. Er schiebt mich nachts im Kinderwagen durch das

Illergries, ein Waldstück am Rande des Dorfes. Manchmal sitzt er auch stundenlang mit mir im Auto in der Garage, wo ich ruhig werde und einschlafe.

Meine Mutter lernt einen neuen Mann kennen. Sie heiraten, und ich habe nun einen Stiefvater. Im Jahr 1990 kommt mein Bruder zur Welt. Wir ziehen zum ersten Mal um, bleiben aber in Neu-Ulm. Von der neuen Wohnung erinnere ich schon mehr Einzelheiten. Es sind kurze Bilder, die wieder verschwinden, noch bevor ich sie richtig erahne. Das Bild, das länger hängen bleibt, ist das Haus von außen, die Form des Daches und das lang gezogene Balkongeländer aus dunklen Holzpfosten.

Ich entdecke ein erstes Muster. Es nennt sich Kaba-Zeit. Ich bekomme einen großen Becher heißen Kakao und darf Fernsehen schauen. In der Kaba-Zeit darf ich nicht stören. Sie gehen ins Schlafzimmer. Es gibt viel Kaba-Zeit, und ich sitze oft vor dem Fernseher rum.

Meine Großeltern leben in Vöhringen, einem Dorf zwölf Kilometer von Neu-Ulm entfernt. Mein Großvater holt uns in einem silbernen Toyota Corolla ab. Wir fahren über Landstraßen, vorbei an Weizenfeldern und Seen. Wir sitzen hinten auf Kindersitzen, an der Fensterscheibe hängen schwarze Pandaschirme als Sonnenschutz. Ich beobachte meinen Großvater beim Fahren, er trägt auf jeder Fahrt Handschuhe und seinen Hut. Das macht er immer. Ich entdecke neue Muster.

Die Marienstraße 8 in Vöhringen war mein echtes Zuhause. Meine Großeltern haben mir alles gegeben, was meine Mutter mir nicht geben konnte, inklusive Zeit. Meine Mutter hatte eine schwierige Beziehung zu ihren Eltern. Wir machen nie etwas gemeinsam als Familie. Mein Opa kommt uns abholen und bringt uns zurück.

Schon damals in Neu-Ulm ist mein Stiefvater nicht oft zu Hause. Wenn, dann kümmerte er sich um meinen Bruder. Mit meiner Mutter hatte er Streit, und ich sah sie oft weinen.

Garage.
Vöhringen, 1994

Ich bin fünf Jahre alt, als wir das zweite Mal umziehen. Wir wohnen jetzt in der Falkenstraße in Vöhringen, ganz in der Nähe meiner Großeltern. Es ist, als lebte ich in zwei Welten. Mit den Großeltern verbringen mein Bruder und ich die schönen Zeiten. Wir gehen in den Bergen wandern oder spielen einfach den ganzen Tag im Garten, und sie gucken uns dabei zu. Es gibt unser Lieblingsessen, Käsespätzle mit viel gerösteten Zwiebeln, danach noch Fruchtzwerge zum Nachtisch. Für mich ist es das Paradies.

Meine Oma gehört zu den Zeugen Jehovas, meine Mutter auch. Mein Opa nicht, trotzdem sind er und meine Oma glücklich verheiratet. Sie glaubt einfach daran und lebt danach. Ich bin von Kind an Zeuge Jehovas. Ich gehe mit von Tür zu Tür und bekomme auf meinem Weg reichlich Süßigkeiten geschenkt. Es ist toll. Die Bibel hat spannende Geschichten, davon erzähle ich den Leuten. Als Kind habe ich gerne in diesem Buch gelesen. Mein Opa liest mir zum Einschlafen Märchen vor. Ich fange schon früh an zu schreiben. Mit einer Taschenlampe unter der Decke kritzele ich in Großbuchstaben meine ersten eigenen Geschichten von Piraten und Waldbewohnern in ein gelbes Heft.

Im selben Jahr komme ich in die erste Klasse der Grundschule in Vöhringen. Mein Bruder kommt am gleichen Tag in die Vorschule.

Es ist einer der wenigen Momente, in denen wir alle zusammen sind. Im Restaurant in der Wielandstraße öffnen wir unsere Schultüten. Es gibt ein Foto von mir und meinem Bruder, wir haben unsere neuen Schulranzen auf und die Schultüte in der Hand. Meine Lehrerin heißt Frau Köbel. Ich freue mich auf die Diktate im Deutschunterricht. Am Anfang versuchen sie, mir das Schreiben mit links abzugewöhnen. Ich sitze zu Hause und bekomme auf die Finger, wenn ich mit links schreibe. Ich muss nur über die Straße gehen, dann stehe ich vor dem Schulgebäude. Mein bester Freund heißt Timo. Wir machen viel Blödsinn und raufen uns auch mal auf dem Schulhof; zur Strafe müssen wir die restliche Pause am Eingang warten. Wir machen das ganze Dorf zu unserem Abenteuerspielplatz. Wir erkunden die Umgebung und trauen uns immer weiter raus.

Es gibt verschiedene Erinnerungen aus der Zeit in der Falkenstraße. Durch einen älteren Freund komme ich zum Ballsport. Er hat einen Fußball, aber auch einen Basketball und einen Football dabei. Ich schieße, dribble und werfe die Bälle. Irgendjemand sperrt mich in einen Hühnerkäfig, und ich schreie, weil es so eng ist und ich schnell wieder rauswill. Ich küsse einen Jungen, als meine Mutter eine Freundin besucht und wir in seinem Zimmer spielen. Ich spiele mit den Kindern aus unserem Haus. Der Gameboy kommt raus, und wir sind im Tetris-Fieber. Im Fernsehen sind die Power Rangers angesagt. Eine Sache, die ich aus der Falkenstraße nicht vergessen werde, ist die Katze. Sie fliegt bei uns im dritten Stock am Küchenfenster vorbei. Als wir nach unten auf den Hof kommen, sehe ich, wie die anderen Kinder mit der toten Katze Fußball spielen, sie durch die Gegend schießen. Ich schaue sie an, Blut läuft aus ihrem Mund. Wir begraben die Katze auf dem leeren Grundstück nebenan.

Auf dem Hof mache ich meine ersten Versuche mit dem Fahrrad. Ich habe ein lila Puky-Bike, mit einem Wimpel an einer langen Stange, wie eine Antenne sieht die aus, und ich finde sie ziemlich cool. Guck, ich fahr ganz ohne Hände! Ich freue mich, bis ich mit voller Geschwindigkeit gegen das Garagentor krache. Ich liebe den Fahrtwind, wenn ich mit vollem Tempo die Steigungen hinunterfahre. Alle Kids heizen nur noch mit ihren Rädern durchs Dorf. Wir fühlen uns wie eine Motorradgang, die über ihr Revier wacht. Eine perfekte kleine Welt.

Nur zu Hause ist etwas nicht in Ordnung. Ich spüre es, doch ich kann es nicht sehen. Es wird immer häufiger laut, wenn meine Eltern streiten, und meiner Mutter laufen die Tränen über das Gesicht. Manchmal halte ich es nicht aus und haue im Dunkeln ab. Ich verstecke mich in der Garage. Dort komme ich zur Ruhe, genau da, wo mich schon mein Opa zum Einschlafen brachte.

Das Reich meines Stiefvaters.
Neu-Lankau, 1996

Es kommt plötzlich, und die Nachricht trifft mich härter als jeder Schlag: Wir werden umziehen! Weit weg von allem, was ich kenne. Es ist 1996, ich bin acht Jahre alt. Kein Umzug einige Nachbardörfer weiter, sondern aus dem Süden hoch in den Norden, nach Schleswig-Holstein. Dort lebt die Mutter meines Stiefvaters, der Ort heißt Neu-Lankau. Wir ziehen in die obere Wohnung. Das Reich meines Vaters. Hier ist sein Zuhause, hier ist seine Familie, eine fremde Familie für mich, siebenhundertfünfzig Kilometer entfernt von meinen Großeltern. Alle leben in der Wohnung, ich bekomme ein Zimmer auf dem Dachboden hergerichtet. Es ist okay. Ich habe einen eigenen Ort. Es ist komisch, an seiner eigenen Haustür zu klingeln und manchmal nicht reinzukommen. Ich bin manchmal hungrig auf den Dachboden geklettert. Bei meinen Großeltern war die Haustür offen. In Vöhringen machen das noch einige Menschen: Sie fahren einkaufen oder sind ein paar Stunden draußen unterwegs. Zu Hause ist dann die Tür offen. Ich bin als kleiner Junge in Gummistiefeln zu ihnen gelaufen und stand plötzlich in der Speisekammer hinter meiner Oma. Ich wusste immer, dass die Tür offen sein wird. In Neu-Lankau ist das anders.

Das Haus liegt an einem Wald, durch den ein Bach fließt. Eine Abzweigung des Elbe-Lübeck-Kanals, der auf der Westseite des Dorfes entlang verläuft. Ich verbringe viel Zeit in der Natur. Ich spiele im Wald, fische in dem flachen Bach oder versuche, mich auf einer Luftmatratze mit der Strömung treiben zu lassen. Am Kanal fange ich an zu keschern, um Karpfen rauszuholen. Einmal habe ich einen gefangen. Ich knabbere in den hochgewachsenen Feldern an abgepflückten Maiskolben. Neu-Lankau hat zweihundert Einwohner, sehr ruhig. Es gibt nicht viel außer den Wäldern und Feldern um mich herum.

Im Dunkeln stiefele ich frühmorgens hinaus. Es geht einmal links und die nächste Straße wieder rechts ab, dann stehe ich an dem kleinen Bushäuschen. Dahinter liegen nur Felder und Wälder. Es steht einfach da, so trostlos und einsam. Der Schulbus macht dort zweimal am Tag halt. Der Bus fährt bis zur Grundschule in Nusse. Dort komme ich in die dritte Klasse. Meine Lehrerin stellt mich vor: der Neue. Ich bin fremd, alles ist neu für mich. Ich hatte meine Freunde und meine Familie in Vöhringen. Das war meine Welt, vom Sportpark bis zum Baggersee.

Hier leben alle in verschiedenen Dörfern. Der Bus fährt uns morgens zur Schule und am Mittag zurück. Dann passiert nicht mehr viel. In der Schule finde ich wenig Anschluss. Ich bin ein unauffälliger Schüler. Im Musikunterricht lerne ich Blockflöte spielen. Neben mir sitzt Janne Mayer. Sie ist die Einzige, an deren ganzen Namen ich mich erinnere. Sie wohnt in Kühsen. Sie hat goldene Locken und ist einfach süß. Ich kann mich an kein anderes Mädchen vorher so erinnern. Ich bin zum ersten Mal verliebt.

An den Abenden fahren wir zu den Versammlungen der Zeugen Jehovas nach Ratzeburg. Ich halte meine erste Bibellesung. Eine Woche lang lerne ich jedes Wort auswendig. Ich wiederhole die Worte und trainiere jede Bewegung vor dem Spiegel. Der Tag der Lesung ist gekommen, und wir fahren alle im Auto nach Ratzeburg. Ich bin ziemlich aufgeregt. Ich stelle mir die hundert Menschen im Königreichssaal vor und bekomme Angst, dass mir die Stimme wegbleibt. Ich schließe die Augen, und um mich zu beruhigen, tue ich das, was mir gelehrt wurde: Ich bete. Ich bete dafür, nicht so aufgeregt zu sein und dass alles gut läuft. Meine Nervosität steigt trotzdem, es wird immer schlimmer. Mein Herz platzt fast aus meinem Brustkorb. Meine Stiefoma reicht mir etwas nach hinten. Es ist ein 5-Mark-Stück, so viel Geld habe ich noch nie gehabt. Ich drücke es fest in meine Hand, und ich spüre das schwere Metall. Ich kann mich daran festhalten, und das gibt mir ein beruhigendes Gefühl.

Ich stehe auf einem Schemel, um das Pult zu erreichen, auf dem meine Notizen und die Bibel liegen, aus der ich vorlese. Ich habe die Münze immer noch in der Hand, halte mich daran fest. Der Vortrag läuft fehlerfrei, und ich lese gut. Ich bekomme viel Lob danach. Am Ende hat mir diese Erfahrung das Sprechen vor fremden Menschen erleichtert, und ich sollte es noch oft brauchen, darum bin ich auch für diese Zeit dankbar. Trotzdem wird mir bereits damals klar, dass ich nicht an diesen Gott glaube. Jetzt habe ich den Beweis: Das Geld gibt mir mehr Halt als der Glaube. Ich hatte beides versucht, aber nur das eine half.

Mein Stiefvater fährt mit mir an den Ratzeburger See. Der See ist komplett zugefroren, und die Menschen spazieren über das Eis. Er spricht sehr ernst, so, als würde er mich ernst nehmen. Er sagt mir, dass er nicht mein echter Vater ist. Das ist mir bereits bewusst. Einmal abgesehen davon, dass er völlig anders aussieht, spüre ich auch sonst, dass er nicht mein richtiger Vater ist. Da ist nichts, was mich mit diesem Mann verbindet, es gibt keinen Bezug zu ihm.

Dieser Mann, zu dem ich null Bezug habe, trifft schon von der ersten Sekunde Entscheidungen für mich, die mein Leben komplett verändern. Er hat mir meinen Namen gegeben. Meine Herkunft spiegelt sich nicht in diesem Namen wider. Er gehört zu einer anderen Familie, mit der ich nichts zu tun habe. Ich litt lange darunter, mich nicht damit identifizieren zu können. Dominik Bloh. Das passte nicht und fühlte sich fremd an. Darum habe ich meinen Namen lange verleugnet.

In der Schule machen die anderen Witze über meinen Nachnamen. Aus Bloh wird Klo, und die ganze Klasse lacht. Mir tut das weh. Ich werde ausgelacht wegen eines Namens, der nicht meiner ist. Ich hasse ihn. Ich erzähle den anderen Kindern, dass ich nicht so heißen würde, und wähle den Nachnamen meiner Großeltern für mich aus. Leibiger. Mein Stiefvater geht mit mir zum Fußballplatz. Auf der Wiese fragt er mich, wie ich heiße. Seine stechenden Augen schüchtern mich am meisten ein. Da weiß ich, dass er es herausgefunden hat. Ich kann den Hass in seinen Augen sehen. Dann prügelt er mir seinen Namen ein.

Das Grundstück neben unserem Haus ist unbebaut. Es hat einige aufgeschüttete Sandberge. Ich fahre mit dem Fahrrad einen der Hügel hinunter und überschlage mich. Meine Hand blutet heftig, ich habe mir ein großes Stück Vorderzahn ausgeschlagen. Weil mein Kiefer noch nicht ausgewachsen ist, so erklärt es der Zahnarzt, kann ich keine Krone bekommen und muss mit einem Provisorium leben. Mein gesunder Zahn stirbt, und auch der Ersatz verfärbt sich. Bei meinen Mitschülern habe ich einen neuen Spitznamen: Schwarzer Zahn.

Mein Stiefvater macht viele Ausflüge mit mir. Wir verbringen nur keine gemeinsame Zeit. Wir fahren im Dunkeln über die Landstraßen. Der Regen trommelt auf das Dach. Ich sitze auf dem Rücksitz und schaue den Tropfen dabei zu, wie sie im Wettrennen die Fensterscheibe hinunterfließen. Es hat etwas Beruhigendes. Die gelben Laternenlichter am Straßenrand verwandeln die Tropfen an der Scheibe in strahlende Sonnen. Ich weiß nie, wo wir hinfahren. Es dauert oft eine ganze Weile. Wir gehen in Wohnungen, die ich noch nie gesehen habe, und ich treffe Frauen, die ich nicht kenne. Ich sitze im Wohnzimmer mit Kellogg's und schaue Zeichentrickserien. Mein Stiefvater und die Frau sind nicht mit mir im Raum, sie kommen erst später zurück, und dann machen wir uns wieder auf den Weg. Auf der Rückfahrt gibt er mir zu verstehen, dass ich meiner Mutter besser nichts sagen sollte, sonst wüsste ich ja, was passiert, aber es passiert sowieso. Im Radio läuft No Doubt: „Don't speak".

Ich bin aufgewachsen mit Gewalt im Haus. Es war so selbstverständlich, ich hab es nie hinterfragt. Ich hänge über einer Treppe, bin über das Knie meiner Mutter gelegt und bekomme den Arsch versohlt.

Du hörst gefälligst auf uns, weil wir dich ernähren.
Sonst kriegst du Schläge. Ich kann mich nicht wehren.
Ich versohl dir den Arsch. Sag sofort, dass du es warst.
Ich versohl dir den Arsch. Wer hat dir das gegeben?
Du sollst doch nicht die Sachen von anderen nehmen.
Ich versohl dir den Arsch. Du sollst nicht so über
ihn reden. Ich versohl dir den Arsch. Erst sammel
die Scherben auf, von dem zerbrochenen Glas.
Ich versohl dir den Arsch. Gebe ohne Widerrede nach.
Los, versohl mir den Arsch. Als ob es keinen anderen
Satz gäbe. Dafür kriegst du Schläge. Gewalt, die
mich prägte. Wofür? Warum? Meistens gab es
keinen Grund. Leg die Hand auf die heiße Herdplatte.
Damit du weißt, dass ich keine Scherze mache.
Liege nachts wach und warte, bis er wieder die
Tür aufmacht. So ist das Leben. Macht Narben,
die wir auf der Haut und auf der Seele tragen.
Kein Erwachsener sollte seine Kinder schlagen.

Mein Stiefvater schlägt mich nicht nur mit der Hand, er benutzt auch andere Gegenstände, um sich nicht selbst die Hände schmutzig machen zu müssen. Ich erinnere mich an einen breiten schwarzen Gürtel mit einer großen, silbern glänzenden Adlerschnalle oder den braunen Besenstiel mit verschnörkeltem Muster. Dabei singen oft die Beatles aus den Boxen. Ich konzentriere mich auf die Musik, solange etwas auf meinen Körper kracht. Die Schmerzen sind auszuhalten. Es sind die kurzen Momente davor, wenn ich machtlos mich dem Schicksal füge, und die Stille danach, in der man auf dem Boden liegen gelassen wird wie Müll. Diese Augenblicke tun der Seele weh.

Am Abend ist die schlimmste Zeit, wenn ich alleine auf dem Dachboden bin und auf das Knarren der Leitersprossen warte. Dann weiß ich, er kommt. Mein Blick auf die Tür gerichtet, bis sie sich öffnet. Ich kann nicht mehr schlafen. Ich fange an, ins Bett zu machen. Ich mache mir vor Angst in die Hose. Ich gehe runter, um es zu sagen, und bekomme dafür Ärger. Es wird ein Teufelskreis. Ich kann es nicht abstellen. Jede Nacht mache ich mich nass.

Mein Stiefvater schlägt mich, aus irgendeinem Grund oder einfach so, um Dampf abzulassen. Meinen Bruder, seinen leiblichen Sohn, lässt er in Ruhe. Das hilft mir, die Schläge einzustecken. Wenn er schon jemanden schlagen muss, dann lieber mich. Ich hätte nie gewollt, dass mein Bruder etwas abkriegt. Ihm schenkt er Liebe, wie ein Vater sie seinem Sohn zeigen sollte. Er gibt sich zumindest Mühe, während er mich schlecht behandelt. Solange mein Bruder sicher ist, kann ich es ertragen.

Mit einem Ausraster sorgt mein Stiefvater dafür, dass ich meinen einzigen Freund aus dieser Zeit nicht mehr sehen kann. Wir sind auf der Wiese und kicken. Mein Stiefvater ist mit dabei und spielt als Torwart. Jan schießt viele Tore und freut sich. Er freut sich wohl etwas zu sehr, und mein Stiefvater sprintet aus dem Tor, um Jan mit voller Wucht die Beine wegzutreten. Jan fliegt erst hoch, bevor er auf den Boden prallt. Er schreit und weint laut. Es sieht auch schlimm aus. Ich schäme mich. Jan kommt nie wieder zu Besuch, seine Familie verbietet jeden Kontakt zu mir.

Ich will es nicht zugeben. Aber dieser Mann hat mich geprägt: Gewalt, Fremdgehen und Drogen. Vieles davon habe ich später genauso gemacht. Ich war zehn Jahre alt und hatte bereits so viel gesehen, nur konnte ich das wenigste verstehen.

Schwarzes Loch.
Hamburg-Winterhude, 1998.

Ich sehe den weißen Cinquecento wegfahren. Ich gucke noch eine lange Zeit auf die Heckscheibe, ich versuche, irgendetwas von ihr zu erkennen. Wenn sie mich sieht, überlegt sie sich es vielleicht noch einmal und dreht um. Doch sie verlässt mich und meinen Bruder. Sie lässt uns in Neu-Lankau zurück. Meine Mutter ist weg, nach Hamburg. Warum? Sie hat es uns nie erklärt.

In meinem Kopf wird es dunkel, wenn ich versuche, mich an die nächste Zeit zu erinnern. Da ist nichts, ein schwarzes Loch.

Das erste Bild kehrt zurück, als wir in Hamburg aus dem Auto aussteigen. Es ist Abend. Wir sind in einer kleinen Seitenstraße und gehen in das Haus Nummer 7. Im ersten Stock stehen wir vor unserer neuen Wohnung. Nach einem halben Jahr sind wir wieder bei unserer Mutter.

An diesem Abend im Jahr 1998 ziehen wir nach Hamburg, in die Großstadt. Ich stehe in einer großen Altbauwohnung. Ich bekomme mein erstes richtiges Zimmer. Das Bett ist ordentlich bezogen. Ein Gettoblaster steht auf dem Schreibtisch. Am nächsten Tag gehen wir die Straße hoch und sind direkt im Stadtpark. Die Straße nach unten gehen wir an meiner Grundschule vorbei. Es ist Nachmittag, und niemand ist auf dem Schulhof. Es regnet. Ein Ball liegt noch auf dem Bolzplatz, und ich schieße im Regen ein paar Mal auf das Metalltor. Der Umzug kommt mitten im Schuljahr. Ich bin in der dritten Klasse. Ich muss warten, bis das Schuljahr zu Ende ist, nach den Sommerferien soll ich die Dritte wiederholen.

Ich komme auf die Alsterdorfer Grundschule. In der ersten Woche geht es auf Klassenreise. Ich habe Spaß. Ich erinnere mich an meine Chicago-Bulls-Cap, die ich ziemlich cool fand. In den

Nächten schleichen wir in die Zimmer der Mädchen. Hamburg fängt gut an. Ich gehöre dazu.

Dass ich Zeuge Jehovas bin, fängt an, mir peinlich zu sein. Ich feiere keine Geburtstage und darf auch auf keine Geburtstagsfeier gehen, wenn ich aus der Klasse eingeladen werde. Wir feiern auch nicht Weihnachten. Das sind zwei der schlimmsten Tage. Während alle am nächsten Tag erzählen, was sie geschenkt bekommen haben, denke ich mir etwas aus. An meinem Geburtstag lüge ich. Ich erzähle irgendetwas von der Familie und was für tolle Geschenke ich bekommen habe. Jedes Jahr werden die Geschichten ausgeschmückter, doch richtig freuen tut sich keiner für mich. Es finden eher alle merkwürdig, dass ich so vieles erzähle, aber nie jemanden aus meiner Klasse zur Party einlade. Darum werde ich von den anderen auch nicht zu ihren Feiern eingeladen.

In Wirklichkeit sitze ich an meinem Geburtstag alleine zu Hause und stelle mir vor, wie es wäre, mit meinen Freunden zu feiern und mit ihnen Spaß zu haben.

Ich würde am liebsten im Boden versinken, wenn ich Freunde und vor allem Mädchen, die ich kenne, auf dem Weg zu einer Versammlung treffe. Ich trage Anzug und Hemd, eine Krawatte und schwarze Lackschuhe, so wie es üblich ist bei den Zeugen Jehovas. Das ist nicht cool, und ich schäme mich. Das Lachen der anderen tut mir weh.

Fußball

Das Kicken auf dem Bolzplatz mit den anderen Jungs bringt mir schnellen Anschluss. Als Kind war es die Gartenmauer oder der

Zaun am Sportpark, gegen die ich den Ball kickte. Meine Oma war Torwart und spielte mir die Bälle in Laufrichtung zurück. Mein Bruder war zwei Jahre jünger, aber inzwischen konnte er auch richtig schießen. Ich stellte mich ins Tor. Meine Oma hatte tapfer durchgehalten, von nun an hielt ich die Bälle. Es war, als könnte ich fliegen. Die Zeit bleibt stehen, wenn man in der Luft ist, und alles scheint von selbst zu passieren. Ich habe viel gelernt als Torhüter. Die Situation lesen und den nächsten Schritt noch vor meinem Gegenspieler erahnen.

Der Ball begleitete mich bei meinen Umzügen. In Neu-Lankau spielte ich auf einer Wiese, die selten gemäht wurde, weshalb das hoch gewachsene Gras den Ball aufhielt. In Hamburg ist der kleine Grandplatz an der Schule mein Zuhause. Ich spiele die Pausen durch, und am Nachmittag gehe ich wieder auf den Platz, um bis zum Abend weiterzukicken.

Jan ist auch Drittklässler in meiner Schule. Er wohnt um die Ecke. Wir gehen oft zusammen über die Straße zur Schule. Bald verbringen wir auch die Nachmittage gemeinsam auf dem Schulhof. Jan hat einen jüngeren Bruder, der im Alter meines Bruders ist. Sie leben mit ihrer Mutter. Wir finden in dieser Familie alle Freunde. Jan spielt Fußball im Verein. Meine Mutter erlaubt mir, zum Training zu gehen. Ein paar Wochen später trete ich dem VfL 93 Hamburg bei.

Mein erstes Spiel ist eine Katastrophe. Ein Lockenkopf im schwarz-grünen Trikot mit der Nummer 3 auf dem Rücken. Jan spielt mit mir in der Abwehr. Ich soll auf der linken Abwehrseite spielen. Meine Aufgabe ist einfach: Immer, wenn jemand in diese Zone kommt, soll ich ihm den Ball abnehmen. Ich bleibe stehen. Ich laufe nicht aus meinem linken Bereich des Feldes. Das Spiel findet auf der anderen Seite statt, ich bleibe hinten stehen. Ich hatte meine Aufgabe ziemlich falsch verstanden. In der Halbzeit werde ich ausgewechselt. Im nächsten Training will ich meine Position wechseln. Ich darf ins Tor. Jan beschließt, mit mir zu wechseln, wir wollen beide Torhüter sein. Zwischen den Pfosten kenne ich mich aus, hier fühle ich mich sicher. Wir werden beide sehr gut. Im Training motivieren wir uns, und jeder macht den anderen besser. Wir gehen morgens zur Schule, nachmittags treffen wir uns wieder und bolzen auf dem Hof, am Abend fahren wir mit den Rädern zum Training. Wir leben Fußball.

Die Grundschule ist vorbei. Wir wechseln gemeinsam auf die Heinrich-Hertz-Realschule. Wir kommen in eine Klasse. Die Wege sind neu, aber wir bleiben zusammen. Ich schreibe Einsen, ich erledige meine Hausaufgaben und lerne für die Schule. Ich bin immer auf der Suche nach der Anerkennung meiner Mutter, ich bringe die guten Noten nicht für mich nach Hause. Ich will sie nicht enttäuschen, aber ich habe das Gefühl, dass ich für sie eine reine Enttäuschung bin. Sie hatte uns verlassen, einfach so. Ich versuche alles, damit sie nun bei uns bleibt. Es ist schwierig. Ich bin ihr irgendwie fremd. Doch was wäre ich ohne eine Familie?

Beim Fußball läuft es gut. Für die Spiele wechseln Jan und ich uns ab, jeder spielt eine Halbzeit. Beim Elfmeterschießen halten wir manchmal jeden Ball. Wir wollen die Besten sein. Ich bekomme Selbstvertrauen und will es wieder versuchen: Ich spiele im Feld. Ich bin gewachsen und stärker geworden. In meinem ersten Spiel überrenne ich alle. Ich schnappe mir den Ball auf meiner Verteidigerposition. Ich laufe die ganze Seitenlinie entlang bis zum gegnerischen Strafraum, dann passe ich den Ball in die Mitte. Ich traue mich nicht zu schießen und lege unserem Stürmer den Ball vor. Das mache ich noch zwei Mal in diesem Spiel. Meine Mitspieler freuen sich für mich, die Eltern sind voller Lob, und mein Trainer ist ziemlich überrascht, was in mir steckt. Mein erstes Tor ist ein Zufall. Der Ball springt im hohen Bogen von der Latte ab, ich nehme den Volleyschuss und treffe mehr mit dem Schienbein als dem Fuß. Der Ball geht trotzdem rein. Jan kommt aus seinem Tor angerannt bis zur Mittellinie, um mich in den Arm zu nehmen.

Wir haben Training in der Halle. Thomas Hinrichs heißt unser Trainer, er will, dass ich auf verschiedene markierte Stellen an der Wand schieße. Ich ärgere mich danach, ich verfehle die meisten knapp. Ich finde mich schlecht. Der Trainer macht die Ansage, dass ich jeden Eckball und Freistoß schießen darf, selbst die Abschläge vom Tor soll ich übernehmen.

Die gegnerische Mauer stellt sich auf. Ich sehe die Lücke und schieße genau dahin, wo ich hinziele. Das ist keine Gabe. Ich habe einfach die meiste Zeit nicht auf so breite Tore geschossen. Plötzlich habe ich einen riesigen Kasten vor mir stehen, der sieben Meter breit ist. Einfach. Ich mache viele Tore. Ich köpfe die Bälle rein, weil ich höher springe, und ich bin mit dem Ball am Fuß schneller als meine Gegenspieler ohne. Ich kann dribbeln und schießen. Ich nehme meine Erfahrung als Torwart mit in mein Spiel auf. Ich spiele intelligent. Ich komme ins Mittelfeld, und für die kommende Saison wird mir die Nummer 10 versprochen. Ich bin der Spielmacher. Es wird über „Talentscouts" der großen Vereine gesprochen und dass man uns „auf dem Schirm" habe. Jan und ich träumen den Traum von einer Profikarriere. Doch es kommt anders.

Nur wenig später geht Jan mit anderen Jungs zum Training – ohne mich. Ich sehe ihn manchmal, auf dem Weg zur Bibelstunde, und der Neid frisst mich auf. Mein Neid hat unsere Freundschaft begraben.

Ich darf nicht mehr Fußball spielen.

Meine Mutter ist, nach ein paar Jahren der Abwesenheit, zu den Zeugen Jehovas zurückgekehrt. Ich muss mit. Sie verbietet mir das Fußballspielen und meldet mich beim Verein ab. Sie wendet sich Gott zu und kehrt den Menschen den Rücken. Mein Traum? Vorbei.

Mutter

Ich bin noch klein und muss mich auf einen Stuhl stellen, um an die Küchenzeile zu kommen, dann helfe ich meiner Mutter beim Kochen. Die Sonne geht unter, und aus dem CD-Player läuft der warme knisternde Sound des Souls von Aretha Franklin. Meine Mutter singt mit und tanzt durch die Küche. Das ist die schönste Erinnerung an meine Mama.

Sie war keine schlechte Mutter, sie ging einkaufen und hat uns Essen auf den Tisch gestellt. Ich habe erst später verstanden, dass wir auf jeden Cent gucken mussten, um unser Leben zu finanzieren. Die teure Gegend, die Klamotten, um die ich bettelte, aber auch Schulmaterial und den Beitrag im Sportverein.

Meine Mutter ist schon recht früh der Meinung, dass mit mir etwas nicht stimmt. Sie sagt es mir ins Gesicht, und sie schleppt mich zu einem Psychologen. Der kann nichts Auffälliges feststellen, und so sitze ich ein paar Wochen später in einem neuen, ähnlichen Zimmer, um über mich zu reden. Immer wieder das Gleiche. Ein persönliches Gespräch mit mir, dann unterhält sich meine Mutter mit dem Psychologen. Wir verlassen das Gebäude, und bald stehen wir vor einer neuen Tür. Selbst in meinem Zimmer nimmt ein Psychologe Platz.

Das Ergebnis ist stets das gleiche: nichts Auffälliges festzustellen. Auf zum nächsten.

Was kann ich den Psychologen sagen, was wollen sie wohl hören, wie verhalten sie sich, und worauf reagieren sie? Ich mache irgendwann ein Spiel daraus, ich öffne mich nicht. Ein Spiel ist einfacher als die Konfrontation mit mir selbst, denn ich habe tatsächlich Probleme. Ich lebe in verschiedenen Welten, die nicht zueinanderpassen. Ich habe irgendwann meine eigenen Lügen geglaubt, meine Wahrnehmung ist gestört, die Realität scheint verschoben.

Der letzte Besuch bei einem Psychologen läuft anders. Er will mit uns beiden sprechen. Wir sitzen ihm gegenüber, und er ist sehr deutlich. Er spricht aus, was ich mir selbst auch schon oft gedacht hatte. „Ich glaube, Sie sollten sich untersuchen lassen, ich mache mir Sorgen um Sie." Er meint nicht mich. Er meint meine Mutter.

Er schaut sie eindringlich an. Haben das vielleicht vor diesem Psychologen auch schon andere gesagt, und sind wir deswegen nie wieder hingegangen? Dieser Gedanke schießt mir durch den Kopf. In den letzten Monaten war ein Bild klarer geworden. Meine Mutter verändert sich.

Ich habe meinen Teil dazu beigetragen. Die Lügen und das Stehlen. Das nicht nach Hause Kommen und diese Alles-egal-Haltung bringen viel Unruhe nach Hause. Ich mache ihr zusätzlich Stress und baue richtig Scheiße. Gleichzeitig bin ich für meine Mutter da.

Es ist ein Widerspruch in sich, manchmal fühlt es sich für mich an, als sei sie ein großes Kind. Ich will sie beschützen, und immer wieder gebe ich neue Versprechen, mich zu bessern. Bei mir ändert sich nichts.

Wir sitzen am Küchentisch. Ich soll mich gerade hinsetzen, sagt sie. Ich bleibe in meiner entspannten Haltung, schließlich hänge ich nicht über dem Tisch, sondern sitze ja schon aufrecht. Sie holt den Gürtel, bindet ihn mir um den Brustkorb um den Stuhl herum. Jetzt sitze ich mit gradem Rücken an die Stuhllehne gebunden. Ich schreie, sie lacht, mein Bruder sitzt einfach nur da und muss mal wieder stiller Beobachter sein. Bald wird er seine ersten Angst- und Panikattacken bekommen.

Das Thema Psychologe ist auf einmal abgeschlossen. Meine Mutter stürzt sich in ihre Arbeit und in den Alkohol. Sie besorgt sich einen zweiten Job in einer Dialyse, macht Weiter- und Fortbildungen in der Pflege. Sie will jetzt Karriere machen. Sie bleibt nachts lange weg und kommt mit einer Fahne nach Hause. Ich kann schon lange nicht gut einschlafen und bekomme mit, wenn sie durch das Haus poltert. Der Hunger treibt sie oft in die Küche. Ich sehe sie in ihrem Erbrochenen liegen, das Essen von eben noch nicht mal verdaut, Silberfische laufen über die Fliesen.

Ich putze alles auf, ich muss die Luft anhalten, um nicht selber zu kotzen. Ich trage meine Mutter ins Bett. Eimer und ein Glas Wasser stelle ich daneben. Es ist rechtzeitig sauber, bevor ich meinen Bruder wecke. Ich schmiere sein Schulbrot, während er sich fertig macht, dann schicke ich ihn los.

Ich schaue noch einmal nach meiner Mutter. Sie lebt. Was ich heute für Unterricht habe? Keine Zeit nachzuschauen. Ich schmeiße ein paar lose Zettel und meinen Block in den Rucksack und mache mich auch auf den Weg. Ich schaffe es oft nicht rechtzeitig zum Schulbeginn. Der Lehrer will wissen, warum ich denn so spät bin, ich will lieber nichts sagen. Ich hab den Bus verpasst. Schlechte Ausrede. Bis zur Pause draußen warten. Mal wieder warten.

Die Lehrer haben keine Lust auf meine Verspätungen, und als kein Verweis mehr hilft und der Schulpsychologe nicht weiterweiß und der Drogentest negativ ist und keiner versteht, was mit mir los ist, suspendieren sie mich. Manchmal drei Tage am Stück.

Meine Mutter weiß nicht mehr, wie sie eine Kanüle legen soll. Einen Handgriff, den sie Tausende Male machte, quasi täglich. Sie weiß einfach nicht mehr, wie es geht. Sie muss sich krankschreiben lassen. Es geht nichts mehr. Sie verlässt das Zimmer nicht. Es scheint, als verstärke meine Anwesenheit alles Dunkle in ihr. Ich suche die Schuld bei mir, um mir selber zu erklären, was los ist.

Seit einigen Monaten weigere ich mich, zu den Versammlungen der Zeugen Jehovas mitzukommen. Es sind schlimme Zeiten und harte Kämpfe mit meiner Mutter, ich komme nicht mehr nach Hause, wenn es Zeit wird, sich für die Versammlung fertig zu machen. Ich will das alles nicht mehr hören, denn ich sehe täglich, dass die Realität eine andere ist. Ich hinterfrage, was gepredigt wird, und bekomme nur Phrasen als Antwort. Ich gönne jedem seinen Glauben, ich will aber meinen eigenen finden. Ich schaffe es raus, aber damit kappe ich auch die letzte Verbindung zu meiner Mutter. In ihren Augen bin ich der verlorene Sohn.

Sie schreit mich an. Ich gehe oft hungrig ins Bett. Sie verschließt erst die Küche. Sie schreit mich an, ich würde ihr die Haare vom Kopf fressen. Dann knallt sie ihre Zimmertür wieder zu und verschließt auch diese. Immer wenn ich die Gelegenheit habe, in die Küche zu kommen, greife ich mir alles Essbare, was ich finden kann. Eine halbe Gurke, eine Tomate, da noch eine Banane. Ich bunkere die Sachen unter meinem Bett und muss wenigstens nicht hungrig schlafen gehen.

An den Kühlschrank komme ich schon lange nicht mehr, er ist mit einem Zahlenschloss abgesperrt.

In den Pausen leihe ich mir Geld, um mir in der Kantine Frühstück zu kaufen. Um bei meinen Freunden nicht ewig in der Kreide zu stehen, denn viele warten ziemlich lange auf erst 50 Cent, dann schon bald 5 Euro, durchstöbere ich jede Tasche in der Wohnung nach Geld. Ich klaue es meiner Mutter, um es meinen Freunden zurückzugeben. Ein Teufelskreis, aber wer ist gerade für mich da? Meine Mutter?

Ich spiele mit meinen Freunden Basketball auf dem Platz der GSE. Wolf, Sydney, Dennis, Christian, wir sind alle da. Vom Basketballkorb aus kann man auf der anderen Straßenseite ein rotes Backsteinhaus sehen. Die Psychiatrie des Universitätsklinikums Eppendorf. Meine Mutter liegt jetzt dort oben in der Geschlossenen. Ihre Arme sind vernarbt, sie fing an, sich zu ritzen, und wurde eine Gefahr, für sich und andere.

Borderline-Syndrom, manisch-depressiv, schizophren. Die genaue Diagnose weiß ich nicht, es gibt viele, eine nach der anderen. Ich weiß nur: Meine Mutter kennt kein Glück, wahrscheinlich schon sehr lange nicht.

Keiner ist mehr zu Hause. Es schaltet sich niemand ein, die Schule weiß nichts und das Jugendamt wohl auch nicht. Da kommt niemand. Ich war alleine mit meinem Hip-Hop. Durch alle Räume knallte es auf voller Lautstärke durch die Boxen.

Meine Mutter kommt aus der Psychiatrie und geht bald schon wieder rein, mein Bruder muss bald auch auf Station. Er verbrachte viel Zeit bei seinem Stiefvater. Zum Glück kann er sich fangen. Für ihn ist es eine schwere Zeit. Ich versuche, ein großer Bruder zu sein, und wenn er irgendwo Stress hat, dann bin ich für ihn da. Unsere wahren Gefühle können wir niemandem zeigen, wir haben bereits zu große Schutzmauern und Fassaden aufgebaut.

Falsche Idole

Ich bin ein Dieb. Ich klaue, seit ich klein bin. Ich hab meiner Oma Münzen aus dem Portemonnaie geklaut. Ich hab mich nachts rausgeschlichen über den Flur. Meine Großeltern haben mit offener Tür geschlafen, aber beide haben geschnarcht, und ich wusste, dass sie tief und fest schlafen. Leise ging ich in die Stube, die Geldbeutel lagen neben den Autoschlüsseln auf dem Esstisch. Ich versteckte das Geld zwischen Matratze und Lattenrost. Ausgegeben habe ich es nicht, ich wollte es einfach nur haben. Immer öfter nahm ich mir etwas raus. Meine Oma hat mich nie gefragt, ob ich etwas genommen habe.

Geld gab mir die Sicherheit, die mir der Glaube, mit dem ich aufgewachsen bin, nie gegeben hat. Es war echt. Ich konnte es sehen, in meiner Hand anfassen und riechen.

Wir hatten nicht viel, es reichte jedenfalls nicht für Taschengeld. Als Kind war mir das nicht wichtig. Ich war glücklich mit meinem Fahrrad. In meiner Jugend war es Sport, der mir alles gab, was ich brauchte. Ich bin frühmorgens wach geworden und konnte es nicht aushalten, vormittags war ich der Erste auf dem Platz, und ich bin erst gegangen, als es zu dunkel war, um zu spielen.

Dass wir weniger hatten als andere, wurde mir erst spät bewusst. In der sechsten Klasse fing es an. Es ging los mit Markenklamotten. Von heute auf morgen veränderte sich meine Welt. Es war auf einmal wichtig, einen Fishbone-Pullover zu tragen, sonst gehörte man nicht dazu.

Dazugehören. Das war das Wichtigste für mich. Ich musste diese Klamotten haben. Wer wäre ich sonst? Ich überzeugte meine Mutter und gab ihr wahrscheinlich tausend Versprechen. Wir fuhren in die Colonnaden, und sie kaufte mir einen Fishbone-

Pullover, eine Smitty Baggy-Jeans und Sneaker. Mit zwölf Jahren definiere ich mich über das, was ich anhabe. Mein Konsumwahn beginnt hier.

Ich trug immer die Klamotten von anderen, Älteren, die aus ihren Sachen rausgewachsen waren. Oft lief ich mit Sachen rum, die mir noch zu groß waren. Das war auch okay, doch plötzlich war ich für meine Freunde nicht mehr der Gleiche, wenn ich nicht das anhatte, was sie trugen, zumindest bildete ich mir das ein. Heute muss ich lachen bei dem Gedanken, so viel Geld für einen Pullover mit einer Fischgräte zu zahlen.

Es drehte sich alles ums Aussehen und um Mädchen. Ein ewiger Kreislauf. Was für Schuhe hast du an? Wo hast du deine Hose gekauft? Wie teuer war der Rucksack? Hast du den Haarschnitt gesehen? Du musst Haargel benutzen. Gestern war ich noch ein lockenköpfiges Kind, und plötzlich sitze ich beim Friseur und lass mir einen Kantenschnitt schneiden, ohne zu wissen, was rauskommt. Hauptsache: dazugehören. Danach traf man die Mädchen und konnte die Komplimente einsammeln. Da würde sich ein Zehner lohnen. Nur woher? Ich hatte meinen Sport, aber die Mädchen nahmen bei uns allen mehr Aufmerksamkeit ein, und die hatten weniger Lust, den Nachmittag auf dem Schulhof zu verbringen. Die Mädchen wollten Eis essen, auf den Dom gehen oder ins Kino. Die meisten Jungs gingen mit, ich blieb auf dem Schulhof, warf alleine auf den Korb und fragte mich, wieso ich kein Geld dafür hatte.

Es schlich sich in meinen Kopf. Es kam langsam und leise, aber dann wurde die Stimme lauter. Ich habe das Sparschwein geplündert und Geld eingesteckt, wenn es offen rumlag. Ich habe mir genommen, was ich nicht hatte. Ich wollte mit meinen Freunden Zeit verbringen, ich wollte nur Geld für Eis oder Kino nehmen. Mit solchen Ausreden erlaubte ich mir, meine Mutter zu bestehlen.

In meinem Lebenslauf sind einige Lücken. Mein krimineller Lebenslauf dagegen lässt sich in einer dicken Strafakte nachvollziehen. Bei meinen ersten kleinen Delikten war ich noch minderjährig, nicht strafrechtlich verfolgbar. Ich klaute CDs in Elektronikmärkten. Hip-Hop war meine Schule. Vormittags stand ich zwischen den Hip-Hop-Regalen und durchstöberte die Fächer. Die CDs, mein Unterrichtsmaterial.

Ich hatte eine schwarze Kix-Jacke mit einer großen Bauchtasche. Ich hörte mir die kurzen Ausschnitte an, stundenlang stand ich an den CD-Spielern. Ich studierte die Booklets. Die CDs waren noch nicht immer eingeschweißt, also ließ sich die CD einfach aus der Hülle in meine Bauchtasche schnipsen. Die leere Hülle legte ich dann wieder ins Fach zurück.

Ich wurde beim Ladendiebstahl immer auf die gleiche Weise gepackt. Von hinten langt eine Hand auf die Schulter, dann war klar, sie haben mich erwischt. Der Gang der Scham durch die Flure. Alle sehen, dass du ein Dieb bist. Hinter der Stahltür geht es in die hinteren Büroräume. Meine Mutter wird angerufen, ich bin zu jung, es kann keine Anzeige erstattet werden. Sie lassen mich mit einem Hausverbot laufen.

Als ich alt genug bin, schnappen sie mich und schalten die Polizei ein. Meine Mutter weigert sich, mich abzuholen, ich muss in die Zelle, bis sie sich entscheidet, es doch zu tun. Eine lange Holzbank, darauf eine Wolldecke. Hinter einer kleinen Abdeckung eine Toilette ohne Deckel. Ich bin hinter Gittern, doch noch immer ist mir alles scheißegal. Das ist das Leben, das mir die Hip-Hop-Schule beibringt. Im Grunde finde ich das sogar gut, so sehr ist meine Realität verschoben. Keinen Plan davon, wer ich selber bin, lebe ich diesen Hip-Hop-Film. Dann kommen die Filme und meine neuen Vorbilder: Locke von City of God, Miklo aus Vatos Locos.

Meine Mutter redet nur von Gott, und in der Schule schneide ich Schnipsel aus und klebe sie auf bunte Pappe.

Ich bin 15, und Gangster sind meine Idole.

Gangster

Wir gründen eine Gang. „Sangre Loca", verrücktes Blut. Wir machen uns T-Shirts in Größe 6 XL und tragen unsere schwarzen Shirts mit dem weißen Aufdruck bis zu den Knien. Wir haben ein Gangzeichen und fühlen uns wie unsere Vorbilder. Wir hängen zu Hause ab und ziehen uns Dokus rein von Gangs aus Los Angeles, den Bloods und den Crips, oder andere Gangster-Geschichten. Dann gehen wir raus und machen das nach.

Wir ziehen einen Jungen in der Siedlung ab. Er tut mir so leid, dass ich ihn am nächsten Tag anrufe und mich entschuldige. Es ist schon immer so, in mir ist alles dagegen, und trotzdem mache ich es. Ich bin lange schwach gewesen.

So geht es weiter, wir legen uns mit anderen Cliquen an und planen, sie auf ihrem eigenen Territorium abzuziehen. Wir fahren in der Nacht nach Steilshoop zu dem Platz, den uns ein Spitzel verraten hat. Wir ziehen die Skimasken über das Gesicht und stürmen los. Wir nehmen ihnen alles ab. Die Polizeisirenen heulen, als wir losrennen. Sie sperren die Kreuzung. Wir verschwinden in den Schrebergärten, die nebenan liegen, und rennen die langen Reihen bis zur anderen Seite durch. Wir schaffen es, wir entkommen. Handy, Geld, und ein MP3-Player – die Beute liegt auf dem Tisch, alle Jungs sind sicher zur Basis zurückgekehrt. Das ist gut gelaufen, also geht es weiter.

Im Bus ganz hinten den Nothammer aus der Verkleidung rei-
ßen. In der Nacht klatschen wir unsere erste Scheibe. Wir machen
es genauso wie in den Filmen. Die Ränder abkleben und dann hart
in die Mitte der Scheibe schlagen. Das Glas zerspringt in tausend
Splitter. Schnell rein und in die Kassen fassen, dann nichts wie raus,
mein erster Blitz. Wir starten tagsüber unsere Diebestouren. In
der Schule bin ich höchstens nach Schulschluss anwesend. Meine
Mutter arbeitet und geht zu Gottesdiensten, oder sie ist in der
geschlossenen Abteilung.

Ich werde immer wieder beim Klauen hochgenommen. Je
nachdem, wo ich bin, komme ich auf ein anderes Polizeikommis-
sariat und verbringe ein paar Stunden in der Zelle. Sie hoffen, aus
irgendeiner ihrer erzieherischen Maßnahmen würde ich lernen.

Tattoos

Jedes meiner Tattoos hat eine Bedeutung. Liebe, Glaube, Hoffnung
auf der Brust, das Ankerherz. Die Hoffnung ist das größte Tattoo.
Wenn die Liebe verloren und der Glaube an einen selber verschwin-
det, dann bleibt oft nur die Hoffnung übrig. Links auf dem Arm
habe ich einen Spartaner, einen Soldaten. Auf meinem Unterarm
eine Frau, die sich in den Kopf schießt. Ihr Blut verwandelt sich
in Schmetterlinge. Der linke Arm steht für Krieg. Der rechte Arm
steht für Frieden. Mit Tauben, mit dem Symbol der geöffneten
Hände, mit Rosen.

Es beginnt mit Kindereien. Alle Kinder stehen im Kreis und
schreien. „Lockenkopf! Lockenkopf!" „Du bist ein Schaf!" Ich habe
Locken, sie lachen. Ich bin anders als die anderen, der Einzige in der

Runde, der lockige Haare hat. Ich schäme mich für meine Haare. Es wird schlimmer. Schamhaare. Beim Training sehe ich keinen anderen, der unten schon Haare hat. „Du hast ja Haare da", höre ich sie sagen, mit einem Blick, als wäre ich plötzlich fremd.

Wenn ich noch einmal beim Schwimmunterricht unentschuldigt fehle, werde ich eine Sechs in Sport bekommen, aber ich kann doch nicht mit meinen Haaren vor meine Mitschüler treten, nur so in Badehose. Ich sitze die ganze Nacht auf meinem Bett und schneide mit der Nagelschere die Haare an meinen Beinen ab. Ich gehe zum Unterricht. Ich bin in allen Lagen einer der Schnellsten. Ich bin ziemlich gut. An meinen Komplexen ändert das wenig. Zweifel sind ein schleichendes Gift.

Meine Psyche schlägt auf meinen Körper über. Schon als kleiner Junge bekomme ich Neurodermitis. Später kommt Schuppenflechte hinzu. Keine Salbe und kein spezielles Shampoo helfen. Es wird schlimmer. Gegen die Dinge in meinem Kopf hilft keine Creme.

Ich kratze mich blutig. Das fühlt sich zuerst richtig gut an, es ist befreiend. Ich kratze, und langsam spüre ich das Blut zwischen den Fingern, fühle, wie die Stelle immer mehr brennt und weniger juckt. Danach wird es natürlich noch schlimmer, die Wunde nässt. Der Anblick tut in der Seele weh. Ich verstecke meinen Körper, so gut es geht. Die Jungs machen Saltos vom Dreier, um den Mädchen zu imponieren, ich gucke zu, meine Arme in Longsleeves oder übergroßen T-Shirts. Es gibt eine Phase, in der sogar Wasser schmerzt. Die Haut zieht sich zusammen, wird straff und reißt schnell auf. Durch das Wasser wird meine Haut noch trockener. Duschen ist eine Qual. Selbst die mildesten Duschcremes brennen auf offenen Wunden.

Ich bete, dass die Stellen wenigstens von meinen Armen zu den Beinen wandern, ich würde es behalten, aber bitte woanders. Ich kann nicht mehr. Es ist ein ewiger Kreislauf, der mir alles raubt: Energie. Konzentration. Selbstwertgefühl.

Erst starke Cortisontabletten bringen Linderung und zumindest phasenweise eine heile Haut. Ich bin aufgedunsen und rund durch das Cortison. Den Frust fresse ich weg und nehme noch mehr zu. Meine Haut ist fettig und schmierig. Mein Gesicht kann ich nicht verstecken. Ich versuche, die roten Stellen zu überschminken, aber die Creme hinterlässt überall Abdrücke und Spuren. Den Rest wäscht der Regen ab.

Jedes meiner Tattoos hat eine Bedeutung. Ich lasse sie auf die roten Flecken auf meinen Armen stechen, um sie zu verdecken. Die schlimmsten Stellen sind mit schwarzer Tinte übermalt.

Dealer

Als die Drogen ins Spiel kommen, klaue ich weniger. Im Schrebergarten meines Stiefvaters finde ich die vakuumverpackten Beutel. Sie sind zusätzlich mit Gaffa-Tape umwickelt, ziemlich gut verschlossen. Wir sind zu viert dort, als ich sie aus dem Schrank herausziehe. Ich öffne das Paket, und dicke Knollen Gras fallen heraus. Der Raum ist sofort erfüllt von einem fruchtigen Geruch. Das erste Mal, dass die Laube mir nicht den Atem raubt. Es ist auch das erste Mal, dass ich an einem Joint ziehe. Dennis baut direkt einen, und wir sitzen auf der Bank unter dem Vordach, als ich meinen ersten Zug inhaliere und schrecklich husten muss.

Wir packen vier Pakete ein. Am nächsten Tag laufen wir zum Headshop am Grasweg. Wir besorgen uns Tüten und eine Feinwaage, danach geht es zu Dennis nach Hause. Auf dem Kinderteppich mit Bauarbeitern und gelben Helmen kippen wir die Buds aus. Es ist wirklich ein Kinderzimmer, und wir sind noch Kinder, die viel Gras vor sich liegen haben, genau 400 Gramm.

Wir packen das Gras in 0,5-Gramm- und 1-Gramm-Tüten. Wir verkaufen an der Schule. Die meisten anderen holen ihr Dope bei den Oberstuflern, die einem viel Geld abknöpfen und dann noch ziemlich wenig dafür geben. Bei uns muss man nur 5 oder 10 Euro zahlen, keine 20 oder 50 Euro, das ist deutlich erschwinglicher für das Taschengeld unserer Mitschüler. Es wiederholt sich: Ich will dazugehören, dafür habe ich mich verstellt, gelogen und Sachen gemacht, die ich alleine nie tun würde. In der Gruppe benehme ich mich anders.

Plötzlich bin ich beliebt. Die Mädchen, die mich sonst wegen meiner Neurodermitis und den roten Stellen in meinem Gesicht gemieden haben, schreiben mir Liebesbriefe und wollen mit mir gehen. Meine Haut wird tatsächlich besser. Als wäre das Bargeld in meinen Taschen Medizin. Ich hänge in den Pausen rum, und alle wollen mir Hallo sagen, es fühlt sich gut an. Ich chille mit meinen Jungs, und wir sind die Coolsten auf der Schule. Das ist mir wichtiger als jede gute Note.

Wir verticken zu dritt, Christian, Dennis und ich. Wir sind beste Freunde und vertrauen uns. Wir sind Jugendliche, die gar nicht so viel Geld brauchen, wir können es gar nicht so schnell ausgeben. Neue Klamotten, weiße neue Sneaker. Mit den Mädels unterwegs sein, ein bisschen Geld für dies und das. Die meiste Zeit bin ich immer noch auf dem Basketball-Court. Am Abend irgendwo einen Dönerteller, und alles ist perfekt. Mehr brauchte ich gar nicht.

Wir besorgen Nachschub, und wieder läuft alles glatt. Ganz entspannt nehme ich noch einmal vier Pakete weg. Von meinem Stiefvater höre ich nichts, und auch meine Mutter scheint nicht

mitzubekommen, was abgeht. Wir sehen uns kaum, und wenn
schreit sie mich an.

Ich gehe schnell wieder raus aus unserer Wohnung, manchmal
schleiche ich mich auch raus. Die anderen Jungs leben ähnlich wie
ich, und dass Türen erst krachen und man sie später so leise wie
möglich wieder öffnet, um sich herauszuschleichen, ist bei uns
allen nichts Seltenes. Wir laufen durch die Straßen. Wir wollen
Scheiße bauen. Wir gegen den Rest der Welt. Ich lebe in den Filmen, die ich mir seit Jahren reinziehe. Meine neuen Klamotten, die
Jeans und die Schuhe verstecke ich auf dem Dachboden. Morgens
gehe ich mit meinen alten Sachen aus der Wohnung, tapse schnell
auf den Dachboden und ziehe meine anderen Sachen an. Der Geruch einer neuen Jeanshose oder von neuen Schuhen macht mir
ein gutes Gefühl, das ist meine Droge. Davon brauche ich mehr.

Auf die Heinrich-Hertz-Schule gehen mehrere Tausend Schüler, hier spricht sich von der Sechsten bis zur Dreizehnten einiges
herum. Dass Achtklässler jetzt im Geschäft sind, macht ebenfalls
schnell die Runde. Wir hängen nach der Schule meistens auf der
ersten Bank im Stadtpark ab, markiert mit fetten Edding-Tags und
Initialen, die wir mit Taschenmessern in das Holz geritzt haben. Wir
bekommen Besuch von den Älteren. Es wird ein harter Kampf, aber
genau darum vertraue ich den beiden anderen so sehr, keiner von
uns rennt weg, im Gegenteil, fällt einer von uns zu Boden, rennt
der andere sofort dazu, um einzuspringen, wir sind zu dritt, und
jeder kämpft für den anderen. Sie können nichts tun.

Langsam wird es ernster. Sie kommen mit Verstärkung, lauern
uns auf. Wir vergrößern uns, holen meine Jungs aus der Gang
dazu. Auch ein paar unserer Freunde auf der Schule lassen wir mit-
machen, so sind wir zahlenmäßig auf Augenhöhe. Unentspannt
durch die Straßen laufen, immer die Augen offen. Es wird stressig.

verloren.

em Schulhof brodeln die Gerüchte, sie gelangen
immer.

Stunde kommen zwei Männer und nehmen mich
Schulleiterin. Unangekündigter Drogentest. Sie
glauben schon lange, dass ich süchtig bin, alle. Ich weigere mich,
das bestätigt alle umso mehr. Ich finde das lustig. Vieles ist so
vorhersehbar. Die Männer gehen mit mir auf die Toilette, ich pisse
in ein Glas. Ein paar Tage später kommt das Ergebnis. Negativ.
Ich habe bis auf ein paar Züge nicht weiter geraucht; auch sonst
war ich Sportler und hielt nichts von Drogen. Ich zog nicht mal
an einer Zigarette.

Als Nächstes versucht sich der Schulpsychologe an mir. Der
beste Stuhl, auf dem ich in der Schule gesessen habe, viele bunte
Farben, ein schöner Raum. Graue Haare und etwas rundlich ist
der Mann, seine Brille sitzt auf der Nasenspitze. „Du spielst also
gerne Basketball", fragt er und lächelt. Ein freundlicher Mann.
Basketball ist ein denkbar schlechter Einstieg, gerade weil es mir
so wichtig ist. Ich fühle mich selten zu Hause, doch auf dem Bas-
ketballfeld ist das anders. Da weiß ich, wo ich hingehöre und was
ich tun muss. Davon hat er keine Ahnung. Er glaubt, Basketball
sei einfach irgendein Hobby. Das war's dann, keine Chance verdient. Erst mal danach fragen, was meine Hobbys sind, damit ich
mich wohlfühle, einen Bezug zu mir aufbauen und dann langsam
zum Thema kommen, so vorhersehbar. Frag mich, was du wissen
möchtest, aber tu nicht so, als wüsstest du irgendwas von mir. Ich
habe ihm einfach keine Chance gegeben.

Jemand anderes scheint mich doch zu verstehen. Ich bin zwar
wieder öfter in der Schule, aber den Unterricht sitze ich nur ab
und störe dabei reichlich. Herr Röder, der oft Pausenaufsicht hat,
hört mir zu. Er kommt immer wieder zu mir und fragt, was an-

steht, selbst wenn er weiß, dass ich grade erst gekommen bin und einfach nur in der Pause auf den Hof zu meinen Kollegen will.

Wir bunkern die „Baggys", also die Tütchen mit Dope, in einer Aldi-Tüte hinter der Tafel, so können wir schnell nachholen, sobald wir nichts mehr bei uns haben. Die Schule und der Stadtpark sind unsere Plätze. Es ist ein gutes Versteck, keiner kommt darauf. Wir liefern uns Schlägereien auf dem Schulhof oder abends auf Spielplätzen und in Parks. Messer werden gezogen. Ich fahre mit Dennis zum Gun Shop auf die Reeperbahn. Wir besorgen uns Butterflys. Ich kriege es kaum hin, das Messer aufzuklappen, und es fühlt sich überhaupt nicht gut an, ein Messer in der Hand zu halten. Was soll ich damit machen? Jemanden abstechen? Ehrlich nicht. Ich packe das Messer in die Schuhbox unter meinem Bett, wo ich auch die Scheine in Bündeln verstecke.

Das Schuljahr geht zu Ende. Ich bin nicht zu bewerten, und eigentlich gibt es keinen Grund mehr, mich auf der Schule zu behalten. Nur ein Lehrer setzt sich für mich ein, Herr Röder. Er will mich in seine Klasse nehmen, ich soll die achte Klasse bei ihm wiederholen. Sonst habe ich den größten Spaß. Der Sommer ist besonders. Ich knutsche mit Mädchen, verliebe mich zum ersten Mal in eines, das sich auch in mich verliebt. Meine Freunde sind für mich da, ich für sie, wir haben Geld in den Taschen. Wir können einfach alles machen. Tagsüber in der Sonne in der Siedlung chillen und Bälle auf den Korb werfen, die Mädels auf der Bank. Nachmittags ins Schwimmbad, am Wochenende ist irgendwo eine Hausparty. Immer mit dabei die Musik im Discman oder der Boombox. Jay Z und 50 Cent sind für mich da.

Fingerabdrücke

Sechs Wochen später sitze ich in der neuen Klasse. Der dritten Klasse in vier Jahren, aber immerhin auf der gleichen Schule. Meine erste Freundin sagt mir einen Tag vor Schulbeginn, dass sie mich nicht mehr liebt. Ich falle in meinen ersten Liebeskummer, der mich tief runterzieht. Ich habe mir vorgenommen, mich bei Herrn Röder anzustrengen, aber meine Augen gehen nur aus dem Fenster zum gegenüberliegenden Gebäude, wo sie grade sitzt.

Ich bin jetzt mit Dennis in einer Klasse. Jetzt sind wir den ganzen Tag zusammen, es wird nicht besser, es wird schlimmer. Das Dealen geht weiter, wir schließen uns mit den Oberstuflern zusammen; statt uns gegenseitig fertigzumachen, können wir uns gegenseitig helfen. Ich will nicht weiter Pakete aus dem Schrebergarten klauen, irgendwann wird es doch auffallen. Wir haben zweitausend Euro, die wir in Gras investieren wollen. Wir bieten den Jungs aus der Oberstufe an, bei ihnen zu einem guten Preis einzukaufen. Der Deal läuft, wir einigen uns auf 6 Euro das Gramm. Das sind über 300 Gramm.

Das Spiel beginnt im neuen Schuljahr von vorne, doch lange läuft es nicht. Meine Mutter findet zu Hause meine Schuhbox. Sie zeigt mich bei der Polizei wegen Waffenbesitz an. Der Junge, den ich damals anrief, um mich zu entschuldigen, hat sich inzwischen auch an die Polizei gewandt. Jetzt machen sie Druck, und ich werde immer öfter vorgeladen. Ich hätte besser nachdenken sollen, warum zwei Jogger von einem Jugendlichen Gras kaufen wollen, doch nur denke ich eben nicht nach. Ich hole zwei Beutel hinter der Bank hervor und nehme das Geld. Kaum haben wir die Sachen getauscht, hält mir ein Jogger seine Dienstmarke vor das Gesicht.

Beim Fußball waren es noch die Talentscouts, jetzt hat die Polizei mich auf dem Schirm, und ich bin leichtsinnig. Jetzt legt man mir zum ersten Mal die Acht um die Handgelenke. Sie stecken mich in den Streifenwagen, die Hand auf meinem Kopf, damit ich mich beim Einsteigen nicht stoße, wie im Film. Nur ist es kein Film. Der Wagen steht genau vor dem Schuleingang. Eine Menge von Schülern beobachtet am Tor, wie sie mich festnehmen. Vor einem Jahr schnipste ich noch CDs in meine Tasche, jetzt lande ich wegen Drogenhandels in der Zelle. Ich bleibe bis zum nächsten Morgen, dann darf ich gehen.

Sie sind auf meiner Spur. Aus kleinen Delikten ist organisierte Kriminalität geworden. Zumindest nennen sie es so. Es gibt bereits eine richtige Soko, die sich mit mir beschäftigt. Ich komme ins Präsidium der Polizei in Alsterdorf. Mit Handschellen werde ich durch die Räume geführt. Beim Nehmen der Fingerabdrücke habe ich eine Hand in Schellen. Dann werden sie mir gelöst, ich bekomme ein Schild in die Hand, und sie machen Bilder an der Wand. Mit 15 Jahren werde ich in die Verbrecherkartei aufgenommen. Knapp zwei Monate später fliege ich von der Heinrich-Hertz-Schule.

Ich weiß, dass ich an die Meerwein-Schule wechsele, doch ich erinnere mich an keinen einzigen Tag dort. Ich lese auf dem Spielplatz gegenüber der Schule das „Abendblatt". Ich gehe nicht ins Gebäude. Die Schule liegt direkt neben dem Trainingsplatz vom Vfl 93. Das Leben ist ein Kreis, denke ich. Es dauert nicht lange, und ich werde auch dort ausgeschult.

Gegner.
Hamburg-Alsterdorf, 2003.

Mein nächster Versuch bringt mich auf die Sengelmannschule in Alsterdorf. Meine Mutter schickt mich zu meinem Stiefvater. Die größtmögliche Strafe. Er lebt in der Saarlandstraße in einer Einzimmerwohnung. Der grüne Teppich ist dreckig und fleckig, überall riecht es nach Gras. Wir wechseln uns ab, manchmal schlafe ich in der Küche und er in dem großen Zimmer und umgekehrt. Ich bekomme keinen Schlüssel. Er bringt mich morgens zur Schule. Nachmittags wartet er an der Bushaltestelle, um mich abzuholen.

Ich darf nicht rausgehen. Ich bin über Wochen in der Wohnung eingesperrt. Geht mein Stiefvater raus, schließt er die Haustür ab. Ich verbringe Stunden alleine in dem Zimmer, es läuft Hip-Hop über meine Kopfhörer, und ein Haufen vollgekritzelter Zettel liegt herum. Ich überlege oft, aus dem Fenster zu springen. Mein Stiefvater macht gerade seinen Taxischein, nebenbei dealt er mit Drogen. Sie liegen offen in der Wohnung herum, in der Küche steht alles, was man so braucht, um dem Geschäft nachzugehen.

Es ist der Blick, der mich selbst mit 15 Jahren genauso ängstlich macht wie als Kind. Er kommt zur Tür herein. Ich stehe am Ende des Flurs. Ich habe zwei Meter, um mich vorzubereiten. Er stößt mich zu Boden, schmeißt sich auf mich drauf. Er schreit mich an, will wissen, ob ich sein Geld geklaut habe. Er schlägt auf mich ein, will, dass ich es sage. Ich habe nichts genommen. Er drischt weiter auf mich ein, er will etwas anderes hören und es aus mir rausprügeln. Meine Wut bringt meine Adern hervor, meine Hand formt sich zu einer Faust. Ziellos schlage ich zurück, wo ich treffe, ist mir egal, Hauptsache, ich wehre mich gegen ihn. Ich will nicht mehr einstecken. Als der Kampf vorbei ist, sitze ich noch lange erschöpft in der Küche.

Ich habe bei meinem Stiefvater einen Sieg erkämpft. Auf meiner neuen Schule sieht das anders aus. Da sind Jungs auf der Schule, die mich kennen und mit denen ich schon aneinandergeraten bin. Ich komme von der HHS, und das macht mich zum Gegner. Als ich anfange, mit Esra die Pausen zu verbringen, habe ich ihren Bruder am Hals. Es eskaliert nach dem Sportunterricht hinter der Halle. Eine Horde fängt mich ab, manche haben dicke Äste in der Hand oder Holzlatten. Die Lehrerin rennt weg, später sagen sie, sie könnten mich hier nicht schützen. Ich muss die Schule verlassen.

Der Hamburger.
Vöhringen, 2003

In Hamburg geht gar nichts mehr. Keine Schule will mich mehr annehmen. Mit zwei Taschen steige ich am Dammtor in den ICE. Meine besten Freunde fahren bis zum Hauptbahnhof mit, dann trennen sich unsere Wege. Ich fahre weiter bis Vöhringen. Ende 2003 ziehe ich zu meinen Großeltern, ich bin wieder in der Heimat.

Dort ist mein Zuhause, dort ist mein Herz, aber zu dieser Zeit will ich nicht da sein. Ich bin ein Großstadtjunge, der strafversetzt ins Dorf geschickt wird. Ich passe dort nicht rein. Meine Hosen hängen unter dem Arsch. Ich trage T-Shirts bis zum Knie, und meine Nike Air Force 1 müssen immer weiß sein. Ich passe eher nach Brooklyn als nach Thal.

Meinen Großeltern gefällt oft nicht, was ich anziehe, und das Ding mit den Hosen unter dem Arsch können sie nicht verstehen.

Doch sie lassen mich meine Klamotten tragen. Es ist so einfach: Sie lieben mich, wie ich bin, und das rettet mich, denn außer ihnen tut es niemand. Sie nehmen mich auf und sind für mich da.

Es fühlt sich an wie zu lange Ferien. Alle Freunde sind schon zurück in der Stadt, nur ich verpasse den Spaß und werfe alleine Tausende Male auf den Korb, den wir schon vor Jahren über dem Garagentor aufgehängt hatten. Tausende Würfe. Ich helfe meinem Opa bei der Gartenarbeit und gehe mit meiner Oma ihre Freundinnen besuchen. Ich führe eine Strichliste mit den Tagen, bis das Schuljahr vorüber ist. Ich denke oft an Hamburg. Jetzt hocke ich alleine in riesigen Weizenfeldern. Es ist Herbst, die Tage werden dunkler. Es regnet oft. Ich schaue Fernsehen, und wir spielen Karten. Ich liebe meine Großeltern, doch ich bin 15 und muss raus. In der Stube zu hocken ist mir zu langweilig.

Am 14. November 2003 erscheint das „Black Album" von Jay Z. Am Tag, als es rauskommt, fahre ich mit meiner Oma in den Plattenladen, in dem ich zehn Jahre zuvor mein erstes Jay-Z-Album gekauft hatte. Ich studiere die Texte von Jay Z, ihn verstehe ich mehr als meinen Großvater oder meine Lehrer. Mein Vater ist nicht da, aber Jay Z. Ich fülle Hefte mit meinen Gedanken und Seiten voller Reime. Ich sitze in meinem Kinderzimmer. Die Wände in einer blauen Tapete. An den Decken sind Streifen, auf denen verschiedene Bilder glitzern. Die Bilder aus meiner Kindheit hängen an der Wand. Ich habe es gar nicht geschätzt, dass ich zu Hause war, ich war ein Junge, der unter Heimweh leidet. Hamburg.

In dem alten Toyota Corolla fahren wir zur Uli-Wieland-Hauptschule in Vöhringen. Ich schaue auf die Kirche, in dem Haus dahinter bin ich aufgewachsen. Ich war ein Einser-Schüler. Die letzten zwei Jahre wurde ich durch die Stufen gereicht, bin sitzen geblieben und von drei Schulen geflogen. Dies hier ist die Endstation und die letzte Chance. Der Schuldirektor begrüßt mich und blickt skeptisch auf mein Tupac-T-Shirt. Er bringt mich in meine neue Klasse. Mal wieder trete ich als der Neue durch die Tür. Hier bin ich nicht einmal neu, sondern wiedergekommen. Ich kenne einige Schüler schon seit meiner Kindheit. Wir haben nichts mehr gemeinsam. Ich bin für alle der Hamburger.

Ich mache mein Ding und schotte mich ab, für die anderen fühle ich mich viel zu cool. In den Pausen rufe ich mit dem Handy bei Dennis auf dem Schulhof an, um zu hören, was bei ihnen so abgeht. Ich schaue mich um. Ich trage andere Klamotten als meine Mitschüler. Ich rede anders. Mit meiner Anti-Haltung wird es ein schwerer Start. Ich falle auf, und das fällt den Jungs auf, die sonst auffallen. Noch in der ersten Woche umzingeln sie mich. Ich bin nicht Dominik, ich bin der Hamburger. Der Hamburger wird getestet. Sie schubsen und beleidigen mich. Mein Opa hat immer gesagt, man haut am besten dem auf die Schnauze, der am lautesten ist. Das mache ich. Er ist der Größte und hat einen Pferdeschwanz. Er ist im Dorf bekannt, und ich schaffe es, ihn mir in der ersten Woche zum Feind zu machen.

Ich habe jeden Tag direkt nach der Schule nach Hause zu kommen, das ist eine feste Regel. Ich versuche es, so gut ich kann, aber die Streitereien mit den Jungs aus dem Jugendzentrum lassen nicht nach, und in einem kleinen Dorf läuft man sich ständig über den Weg. Ich gehe die größten Umwege, aber es gibt kein Entkommen. Ich schlage mich regelmäßig nach der Schule auf dem Parkplatz neben dem Schaukeldrachen, auf dem ich als kleiner Junge hin- und hergeschwungen bin. Jetzt werde ich hin und her geschmissen und liege auf dem Boden.

Ich renne nach Hause und wasche mir das Gesicht. Ich will meinen Großeltern keine Last sein und versuche, so gut ich es

49

kann, mich an die Regeln zu halten. Sie sollen sich keine Sorgen machen. An einem Abend klingeln sie bei uns und machen mit ihren Autos vor der Tür Lärm. Meine Oma hat Angst. Ich fühle mich schlecht, ein Teil von mir ist daran schuld. Ich muss etwas anders machen, wenn es besser werden soll.

Ich lege das Handy weg und fange an, mit anderen zu sprechen. Wir fahren auf Klassenreise nach Berlin. Ein Mädchen aus der Parallelklasse hat im Hostel Ärger und wird angegriffen, ich gehe dazwischen und verteidige sie. Ich habe ihren Namen vergessen, sie war die Schwester von einem der Jungs, der bei mir täglich Stress suchte. Danach gibt es keine Probleme mehr. Er kommt zu mir, gibt mir die Hand, und die Sache ist erledigt. Die Gruppe lässt mich nun in Ruhe. Das restliche Jahr kann ich friedlich verbringen, das habe ich schon lange nicht mehr gehabt. Der Frühling kommt, und die Tage werden heller. Die Klassenreise ist gut, ich finde einen Platz.

Die Schulmeisterschaft im Basketball beginnt. Alle Schulen im Bundesland können teilnehmen. Es gibt ein Scout-Turnier für die Besetzung des Schulteams in der großen Sporthalle. Die Halle ist voll. Alle gucken sich das an. Ich spiele gut, und danach sind die Jungs cool drauf, und die Mädchen setzen sich neben mich. Basketball ist schon immer mehr als Sport für mich, auf dem Platz finde ich Freunde.

Es fängt an, Spaß zu machen. Am Nachmittag gehe ich nicht mehr auf die Einfahrt, sondern fahre mit dem Fahrrad in den Sportpark. Ich treffe dort zwei Jungs: Riehle und Basti, die lustigsten Kerle. Ich lache so viel wie lange nicht mehr. Die beiden gehen in die Realschule gegenüber unserer Hauptschule, und wir hängen den ganzen Tag zusammen ab. Ich gehe zur Schule, komme nach Hause, mache Hausaufgaben und radele los.

Hauptschulabschluss

In Bayern ist der Hauptschulunterricht schwieriger als die Realschule in Hamburg. Ich kriege es trotzdem gut hin. Im Schuljahr zuvor waren die meisten meiner Leistungen unbewertbar. Ich war so selten da, dass man mir keine Note geben konnte, im Zeugnis steht dann „UW". In Bayern läuft es wieder besser. Ich habe keinen Fehltag. Dafür sorgt mein Opa persönlich. Er weckt mich oft so früh, dass es draußen noch finster ist. Ich habe das Holz zu sammeln und den Ofen anzuheizen. Dann mache ich Frühstück und mich fertig. Es gibt einen Schulbus, doch ich laufe die Strecke lieber. Den Illerhang hinunter an den Feldern entlang nach Vöhringen rein, über die Schranken ins Zentrum. Am Marktplatz vorbei, bis zur Kirche. Hier bin ich aufgewachsen. Jetzt mache ich meinen Abschluss.

Die Lehrer kommen trotzdem nicht gut mit mir aus. Ich komme mit dem Schulstoff zurecht und schreibe gute Noten. Ich habe andere Ansichten als meine Lehrer, die uns predigen, einen Ausbildungsplatz zu finden. Die Jungs sollen es bei den Wieland-Werken versuchen, die auf Kupfer spezialisiert sind. Die Mädchen sollen sich als Friseurin bewerben und generell alle im Einzelhandel. Vor allem mich nimmt der Lehrer gerne als Beispiel, wie tief man sinken kann und dass dieser Abschluss meine einzige Hoffnung sei. Einen Ausbildungsplatz traut er mir gar nicht zu.

Wie kann jemand Jugendlichen, die mitten in ihrer Entwicklung sind, sagen, was sie werden können und was nicht? Ihnen vorschreiben, was sie den Rest ihres Lebens machen sollen? Das kann mir keiner sagen, und das sollte generell niemand sagen. Ich entschließe mich in diesem Moment, Abitur zu machen und irgendwann Jugendliche zu unterrichten, um ihnen beizubringen, dass sie alles werden können, was sie sich vorstellen. Dass es nichts

Wichtigeres gibt als den festen Glauben daran, alles schaffen zu können.

In Hamburg sagt man „Digga". In Vöhringen nicht. Ich kann es das ganze Jahr über nicht abstellen, und die meisten verstehen nicht, warum ich sie „Dicker" nenne. Es ist nicht einfach, aber auch lustig. Doch die Sprachbarriere kostet mich auch fast meinen Schulabschluss. In Bayern ist Hauswirtschaft ein Prüfungsfach. Jeder Schüler bekommt ein Gericht zugeteilt, das er zubereiten muss. Ich bekomme einen weißen Zettel, darauf das Wort: „Zwetschgendatschi".

Was, bitte, ist ein Zwetschgendatschi? Ich habe keine Ahnung, und als ich nachfrage, werde ich nur auf die bayerische Tradition hingewiesen und dass man hier wissen sollte, was „a Zwetschgendatschi is', gell". Ich koche nichts. Im Ernst, ich will keine Lebensmittel verschwenden, um irgendwas zu machen, was am Ende keiner essen kann.

Beinahe hätte ich Hauswirtschaft nicht bestanden, das wäre schlimm gewesen. Mein Opa ist ein guter Koch. Er verzweifelt regelmäßig an mir, aber auch für Hauswirtschaft habe ich zu üben, also verbringen mein Opa und ich Stunden in der Küche, in denen ich es immer schaffe, das Schnitzel in der falschen Reihenfolge zu panieren. Das enttäuscht ihn, und davor habe ich immer Angst. Bei meinem Opa habe ich immer um Anerkennung gekämpft. Ich bekomme von den Lehrern die Aufgabe, von allen das Geschirr abzuwaschen. Wenn ich das ordentlich mache, bekäme ich zumindest keine 6, sondern eine 5 für diese Prüfung und somit noch die Chance, meinen Abschluss zu machen. Am Ende schaffe ich meinen qualifizierten Hauptschulabschluss mit einem Notendurchschnitt von 3,0. Als Nächstes soll ich auf die Realschule kommen, zu Riehle und Basti.

Oma

Es ist immer seltener jemand zu Hause. Meine Oma liegt in Neu-Ulm im Krankenhaus, zwischendurch kommt sie immer wieder nach Hause und sieht gesund aus. Sie lächelt, und wir verbringen unsere Zeit wie immer. Sie verhält sich nicht anders, sie ist immer noch die Frau, die sich um andere kümmert. Manchmal frage ich mich, ob ich das alles absichtlich übersehen habe. Mir geht es immer besser. Ich flirte mit Mädchen und habe Spaß mit Riehle und Basti. Im Sommer ist das Dorfleben ein Abenteuer.

Ich komme immer nach der Schule nach Hause. Mein Opa hat schon Mittagessen gekocht. Danach geht es an die Hausaufgaben. Erst wenn ich das erledigt habe, fährt mein Opa ins Krankenhaus zu seiner Frau. Am Abend holt er mich mit dem Fahrrad vom Sportpark ab, guckt mir beim Spielen zu. Auf dem Rückweg halten wir oft noch an der Eisdiele. Später bereitet Opa uns noch ein paar Köstlichkeiten vor, mit der gleichen Mühe und Liebe, wie ich es von ihm kenne.

Mir geht es immer besser, meiner Oma geht es immer schlechter. Sie ist an Krebs erkrankt und liegt jetzt in Memmingen im Krankenhaus. Das sind knapp sechzig Kilometer, die mein Opa täglich fährt. Es gibt keinen Tag, an dem er nicht bei ihr ist. Er gibt sein ganzes gespartes Geld aus für eine Möglichkeit, seiner Frau das Leben zu retten. Spezielle Matratzen oder alternative Heilmethoden. Er versucht alles. Zwischendurch haben wir Hoffnung. Meine Oma scheint gesund zu sein, die Ärzte entlassen sie aus dem Krankenhaus. Doch es ist zu schön.

Wir fahren nach Müritz, an die Mecklenburgische Seenplatte, und verbringen zwei Wochen in einem Ferienhaus. Ich spreche es nicht aus, aber da ist dieses Gefühl, dass es die letzte Zeit mit meiner Oma sein könnte. Ich verbringe jede Minute mit ihr, umarme sie, lasse sie nicht los. Es gibt ein Foto von uns: Ich halte sie im Arm und bin schon viel größer als sie. Sie wirkt elegant und sieht wunderschön aus. Es ist das Bild, das ich am längsten bei mir trage, auf der Straße habe ich es lange durch den Regen und Schnee festhalten können. Am Ende soll auch dieses Bild verloren gehen, doch die Erinnerung hält ewig. Sie ist die Einzige, die mich in die Arme nimmt.

Kurz nach unserem Urlaub kommt Oma erneut ins Krankenhaus. Die Metastasen sind noch aggressiver zurückgekehrt. Es gibt keine Chance mehr. Meinen Opa habe ich noch nie so wütend gesehen. Er schimpft in seiner Verzweiflung auf die Ärzte, die gesagt haben, seine Frau sei geheilt. Wer weiß, vielleicht haben sie es ihm gesagt, damit er noch einmal Zeit mit ihr teilen konnte, ohne nach einer Lösung zu suchen, die es nicht mehr gegeben hat. Anders kann ich es mir nicht erklären.

Es geht schnell. Sie schrumpft zusammen, ihre Haut wird gelb. Ich schreibe jetzt schon „sie", weil die Frau auf dem Bett schon nicht mehr meine Oma ist, wie sie für mich immer war. Meine Oma. Ich weiß, dass sie mir in ihrem letzten Lebensjahr das Leben gerettet hat. Sie ist der Mensch, der an das Gute in mir geglaubt hat und mich nie aufgab. Sie hat mir alles verziehen und war für mich da, bis zu ihrem Tod.

Meine Mutter kommt nach Bayern. Sie hat kein gutes Verhältnis zu ihren Eltern. Sie schickt mich ein paar Tage darauf nach Hamburg, ich soll auf meinen kleinen Bruder aufpassen. Ich will bei meiner Oma bleiben. Ich muss neben ihr stehen. Es hilft nichts, gegen meine Mutter komme ich nicht an. Ich bin in Hamburg, als am Abend das Telefon klingelt.

Am 10. Oktober 2004 stirbt meine Oma.

Ich bin nicht bei ihr, ich hätte ihre Hand halten sollen, so wie sie meine Hand genommen hat. Die Beerdigung findet ohne mich statt. Es kommen viele Menschen, um von einer tollen Frau Abschied zu nehmen. Ich bin nicht da. Meine Mutter erlaubt mir nicht, zur Beerdigung zu kommen. Ich kann mich nicht von dem wichtigsten Menschen in meinem Leben verabschieden.

Ich stehe später oft vor dem Tor zum Friedhof. Aber ich gehe nicht rein, besuche nicht ihr Grab. Vielleicht, weil sie so weiterlebt für mich. Meine Oma ist für mich nie wirklich gestorben. Sie ist die Einzige, die ich Engel nenne.

In den nächsten Ferien fahre ich nach Bayern. Mein Opa zerbricht, von seiner Stärke ist nichts mehr zu spüren. Es scheint, als sei mit dem Tod seiner Frau seine Lebenskraft verloren gegangen. Er geht nicht mehr raus, das Rollo bleibt unten. Es ist dunkel. Er schleicht in seiner Unterhose und in den alten Pantoffeln durch die Wohnung. Mein Opa braucht Zeit, um zu trauern, er kann sich jetzt nicht mehr um mich kümmern. Ich bleibe in Hamburg, dort, wo ich mein Zimmer vor einem Jahr verlassen habe.

Auf dem Dorf passiert nicht viel, in Hamburg verändert sich alles. Meine Liebe ist immer noch Basketball und Hip-Hop. Meine Freunde in Hamburg tragen andere Klamotten, hören andere Musik und haben neue Hobbys. Statt auf dem Schulhof Basketball zu spielen, trinken sie jetzt Billigwodka in Plastikbechern auf den Tischtennisplatten. Ich komme mit einem neuen Ziel aus Bayern zurück: Ich will Abitur machen. Es geht für mich in die zehnte Klasse der Fraenkelschule in Barmbek, hier könnte ich meinen Realschulabschluss schaffen, den nächsten Schritt.

Zu Hause ist es wie immer. Meine Mutter nimmt mich auf, ich bin nur ein Gast. Ich spüre, dass meine Nähe sie stört, sie verschließt ihre Zimmertür. Sie will möglichst wenig mit mir zu tun haben. Meine Mutter ist krank, es wird schlimmer. Sie kann nicht einmal sich selbst retten, sie gibt mich auf.

Am 5. Februar 2005 fliege ich aus der Wohnung.

Ich komme ein paar Minuten zu spät in die Schule. Der Unterricht hat bereits angefangen. Mein Lehrer verlangt eine Erklärung für die Verspätung und fordert eine Entschuldigung. Ich denke nur: „Für was soll ich mich entschuldigen?" Der Lehrer schaut mich erwartungsvoll an. Ich stehe nur da mit meinen durchnässten Klamotten. Meine Gedanken rasen, doch ich kann nichts sagen. Ich bringe kein Wort heraus.

Keine Worte, kein Zuhause. Ich bin obdachlos.

Schlafplatz

Auf der Straße. Das erste Mal. Jeden Tag einen Schlafplatz finden müssen und keine Ahnung, wie ich das anstellen soll.

Mich treibt es an die Orte, die ich kenne; selbst wenn ich sie mit schlechten Tagen verbinde, zieht es mich in die gewohnte Umgebung. Ich weiß nicht, wohin, und am Anfang bleibe ich auf der Ecke in Barmbek, wo wir wohnten. Ich halte mich in der Nähe unserer Wohnung auf. Ich sitze in dunklen Treppenhäusern, ganz oben. Das Treppenhauslicht ist ein Warnsignal, ich mache mich bereit, aufzustehen und so zu tun, als würde ich einfach die Treppen runtergehen. Ich sitze im obersten Stockwerk auf den Treppen, weil die Chance am höchsten ist, dass jemand schon weiter unten seine Tür aufschließt und ich sitzen bleiben kann. Ich lege mich nie hin, lehne mich immer nur gegen die Wand.

Manchmal liege ich auch ganz unten, im Waschkeller neben der Waschmaschine auf dem Boden. Ich gucke auf die gespannten Leinen, hier hänge ich meine Wäsche auf. Hier gibt es kein Versteck, ich würde sofort auffliegen. Ich will nicht entdeckt werden und auch niemanden erschrecken. Ich weiß einfach nicht, wohin.

Ich klebe auf der Bank an der Fuhle, einer belebten Einkaufsstraße in Barmbek. Der Hunger kommt und ich klaue im Woolworth Schokolade. In einer der Seitenstraßen daneben habe ich gewohnt, man sieht von der Bank aus den Eingang zum Haus.

Was will ich sagen, wenn sie vorbeikommt? Der Kopf rattert, in der dunklen Nacht formuliere ich die Sätze, bereite jedes Wort vor. Meine Mutter kommt vorbei. Sie bleibt nicht stehen, wenn sie mich sieht, sie geht weiter. Ich habe die fünfzig Meter bis zum Bus, um meine Gedanken loszuwerden. Sie sagt nicht viel, nichts von dem, was ich mir erhoffe, verzweifelt auf der Suche nach etwas Liebe. Zeig sie mir, nur einmal. Die Tür schließt sich.

Ich stehe unten, die Zimmer von meinem Bruder und meiner Mutter sind auf der Straßenseite im Erdgeschoss, ein bisschen kann ich hineinsehen. Erst als ich gar nicht mehr weiterweiß, klingle ich bei meiner Mutter. Ich stehe unten vor der Tür und drücke auf die Klingel. Es summt nicht. Dafür knackt die Freisprechanlage, und der grüne Punkt leuchtet auf. Ich möchte mit ihr sprechen, will sie sehen. Die Tür bleibt zu. Sie ist unüberwindbar. Gegen diese Tür bin ich machtlos. Mit jedem Klingeln geht ein Stück in mir kaputt. Verschlossene Tür, sie zeigt mir meinen Platz. Ich gehöre hier raus. Sie sind drinnen. Ich soll nicht dazugehören.

Das Nachbarhaus hat einen Durchgang zum Hof. An der Seite verläuft eine Mauer. Ich steige über die grünen Zaunstäbe und stehe auf der Mauer. Mit einem Satz bin ich am Balkongeländer unserer Wohnung. Auf dem Balkon liegen mehrere Decken. Ich nehme mir zwei, die Decke, die meine Mutter immer benutzt, lasse ich ihr da.

Der Stadtpark ist nicht weit von der Fuhle. Die große Wiese kenne ich seit dem ersten Tag in der Stadt. Ein gewohnter Ort. Eine Decke lege ich unter mich, und eine werfe ich über mich. Ich suche mir den zum Wasser gelegenen Hang aus. Hier ist es dunkel. In der Mitte würde man mich von den Wegen aus nicht erkennen. Im Stadtpark habe ich schon vieles erlebt, geschlafen habe ich hier noch nie. Ich gucke auf den Stadtparksee. Im Sommer davor war ich hier verliebt mit Birte schwimmen. Das gelbe Laternenlicht spiegelt sich im Wasser und strahlt wie eine Sonne bei Nacht. Wärme kann man sich nicht einbilden. Die Kälte kriecht in mich, und ich rolle mich auf die Seite, mache mich möglichst klein. Ganz genau so wie als Kind, als ich mich bei meinen Großeltern zusammenrollte in meinen Höhlen unter dem Schrank oder dem Regal. Erinnerungen halten nicht warm. Es gibt keine Möglichkeit, der Kälte zu entkommen. Nicht mitten in der Nacht auf einer großen Wiese zwischen raschelnden Bäumen und kalter Erde.

Ich muss vom Boden weg, man kann keine fünf Minuten in einer Position schmerzfrei liegen. Da ist weiter im Park, hinten in den Wäldern, ein Holzhäuschen. Hier war mein alter Schulweg, hier trafen sich alle nach der Schule, um zu rauchen. Das Häuschen ist noch ranziger als früher. Ich mache mir einen Schlafplatz, die Bank ist zu schmal, ich rolle mich auf dem Tisch zusammen. Der Wind fegt durch die Hütte, eben doch ziemlich offen.

Der Kälte kann man nicht entfliehen, das Einzige, was übrig bleibt, ist weiterzuziehen. Die letzte Sicherheit, die ich habe, ist es, mir Plätze zu suchen, die ich kenne.

Schrebergarten

An den Wochenenden sind wir oft bei meinem Stiefvater gewesen, seine Freundin besitzt einen Schrebergarten in Alsterdorf. Es ist Winter. Es schneit, und es sind eiskalte Nächte, in denen alles zugefroren ist, meine Hände sind fast abgefallen. Ich stecke meine Finger in den Mund, es ist die einzige warme Stelle meines Körpers.

Ich komme nicht in das Gartenhaus. Der Schlüssel ist versteckt, ich kenne noch ein altes Versteck, aber dort liegt nichts. Die Laube hat eine kleine umzäunte Terrasse mit Vordach. Hier bin ich geschützt. Es sind Minusgrade, meine Klamottenschichten und Decken reichen nicht aus, überhäuft mit den Bezügen der Außengarnitur, selbst der grünen Plastiktischdecke, starre ich in die kristallklare Nacht auf den hellen Mond. Mein Atem steigt weiß in die eisige Luft, ich schaue ihm nach, blicke auf die Sterne und sehe in die große Weite unter dem freien Himmelsdach. Überleben ist nie ein Leben. Es gibt nichts Schönes auf der Straße, aber diese Momente haben etwas Erhabenes.

Ich habe verstanden, dass wir uns in einem unendlichen Universum befinden. Meine Heimat ist die Erde. Meine Spezies heißt Mensch. Das hat mir die Straße beigebracht.

Es ist März oder April. Da kommen wieder mehr Menschen. Es ist ein Leichtes, mich zu sehen. Die Nachbarn melden es, die Polizei kommt vorbei. Ich renne weg.

Trotzdem, ganz gehen kann ich nicht. Am Abend suche ich mir am anderen Ende der Parzellenreihen eine andere Laube. Ich nehme nie das Gartentor, ich steige über den Zaun und schleiche mich von der hinteren Seite an die Ecke des Vorderraums. Ich kann durch das Fenster schauen. Ein riesiges Sofa steht da, so groß, dass darauf vier Leute bequem schlafen könnten. Ein trockener, warmer Raum.

Ich sammle mir ein paar kleinere Steine vom Weg. Ich suche eine dunklere Stelle, weg von der Laterne, im Schatten der Büsche. Ich schmeiße einen Stein auf das Haus. Einen zweiten auf das Dach, nicht zu viele, sonst hören es vielleicht die Nachbarn, aber genug, dass jemand im Haus nachsehen würde, was da vor sich geht. Es passiert nichts. Ich bin mir sicher, dass niemand da ist. Ich gehe zur Tür, sie hat einen Drehknopf. Sie geht auf. Endlich geht eine Tür auf.

Ich schlafe so lange. Als ich die Augen aufmache, strahlt schon die Sonne.

Doch so schön es ist, sich in einem Raum aufzuhalten, mein Gewissen plagt mich, ich weiß doch, dass ich hier nicht sein darf. Ich will niemanden verärgern oder ihm Angst einjagen. Ich weiß einfach nicht, wohin. Das schreibe ich auf. Zettel und Stift habe ich immer dabei.

Ich finde ein blaues Band. Ich schreibe dem unbekannten Empfänger, dass ich seine Hilfe brauche und er mir ein Zeichen geben soll, wenn es in Ordnung wäre, hier über Nacht zu bleiben. Ich falte den Zettel zusammen und schreibe in Großbuchstaben FÜR DEN BESITZER darauf. Das blaue Band lege ich daneben.

Ich habe Angst zurückzukommen, wartet da wieder die Polizei auf mich oder vielleicht der wütende Besitzer der Laube? Ich gehe dieses Mal durch die Tür. Es ist schon nachts. Das Band ist um die Türklinke gebunden. Der Zettel liegt beantwortet auf dem Tisch. „In zwei Wochen sind wir wieder regelmäßig hier. So lange hast du die Erlaubnis, hier zu schlafen", steht da. Ich habe den Besitzer der Laube nie gesehen. Danke.

Big Mac

Ich entdecke eine Kirche. Sie ist umzäunt und hat zwei Tore, die offen stehen. Ich gehe hindurch. Kirchen kenne ich gut. Das Läuten der Glocke ist mir vertraut. Als Kind schoss ich mit dem Fußball an die Mauer, die den Garten meiner Großeltern von der Kirche trennte. Manchmal kletterte ich hinüber auf die andere Seite. Ich schlich mich bis zu der Steinhöhle. Da drin lag ein steinerner Soldat, sein Gewehr im Arm. Ich versuchte hinzugucken, solange es ging, dann rannte ich wieder zurück und war froh, als ich wieder auf der sicheren Seite war. Hier ist es nicht gruselig, ich finde es verwunschen. Es gibt nur eine Bank auf dem Gelände, versteckt hinter Büschen. Sie steht unter einem Baum. Die Äste hängen so tief, als umarmten sie die Bank. Ich lege eine Wolldecke über die Bank, ich lasse sie bis zum Boden hängen, so baue ich mir einen Bettkasten, zumindest fühlt es sich ein bisschen so an. Ich verstaue meine Tasche unter der Bank und lasse die Decke darüber fallen.

Die braune McDonald's-Tüte reiße ich vorsichtig auseinander, lege sie sorgfältig geglättet als Tischdecke auf die Bank. Das glänzende Burgerpapier wird zum Teller, ich wickle es ab und breite es vor mir aus. In meiner Phantasie ist das die weiße Tischdecke mit Schnörkelmuster und Fransen dran. Ich stelle mir dann immer vor, wie ich mit meiner Oma und meinem Opa zusammen Abendbrot esse. In der Zeit ist es egal, ob ich alleine bin, wie kalt und dunkel es um mich herum ist, in diesen Minuten geht es mir gut. Zum ersten Mal sehe ich mich genauer um. Die Bank steht mitten auf einem Friedhof, kurz überlege ich, ob es respektlos ist, hier Burger zu essen, da ist der letzte Bissen schon verschlungen. Ich denke über den Tod nach. Ich lege mich hin. Ich schlafe heute zwischen den Toten. Ich lebe noch, denke ich mir und schlafe unter dem Blätterdach ein.

Es dämmert, als ich aufwache. Der Morgen bricht an. Ich hole meine Sachen aus dem Bettkasten und packe zusammen. Neben der Bank liegt ein toter Vogel. Er muss in der Nacht neben mir gestorben sein. Ich beerdige ihn. Irgendwie finde ich das richtig, alle anderen hier wurden auch begraben. Ich grabe ein Loch und wickle den Vogel in die McDonald's-Tüte. Kein schöner Sarg. Dasselbe Braun wie der Karton, in dem ich die Katze vom Hof, die ich tot gefunden hatte, auf dem Nachbargelände begrub. Das hatte sie verdient. Es geht um Würde.

Routine

Ich lebe fast ein Jahr auf der Straße, trotzdem gehe ich weiter zur Schule. Der Tag soll normal verlaufen. Um acht Uhr beginnt der Unterricht. Ich sitze mit leerem Blick und müden Augen in der Klasse. Die Zeit in der Schule gibt mir ein Stück Normalität. Für den Rest des Tages entwickele ich irgendwann eine Art Routine.

Nach Schulschluss gehe ich zu Freunden zum Mittagessen. Meistens ist das die erste Mahlzeit des Tages. Es heißt oft: „Nimm dir aus dem Kühlschrank, was du brauchst." Ich stehe alleine in der Küche und starre nur auf die weiße Kühlschranktür. Ich kann den Kühlschrank nicht öffnen. Das ist doch nicht für mich gedacht. Mir ist es unangenehm, von anderen zu nehmen. Selbst wenn wir am Tisch essen, halte ich mich zurück. Ich fühle mich fehl am Platz. Ich sollte nicht dort sein. Dafür schäme ich mich.

Am Nachmittag gehe ich ins Schwimmbad. Das ist mein Ort

der Ruhe. Dort kann ich duschen. Dann entspanne ich eine Stunde in der Therme. Stundenlang kann ich auf den Liegen bleiben. Ich schließe die Augen und kann mich erholen. Meistens verbringe ich drei Stunden im Bad.

Mit neuer Energie kann ich mich dann auf die Nacht einstellen. Den Abend verbringe ich noch mit Freunden, oder ich suche mir eine Halle, in der Basketball gespielt wird, und zocke dort mit. Irgendwann geht auch der Letzte nach Hause. Sobald es später am Abend wird und ich alleine bin, beginnt eine andere Zeit. In den nächsten Stunden geht es nur darum, vor Kälte und Nässe zu fliehen. Das Loch im Bauch zu stopfen und irgendwo noch zu verschnaufen, um neue Kraft für den Tag zu sammeln.

Der nächste Bahnhof. Ich fahre mit der S-Bahn hin und her. Die Versuchung ist groß, sich ganz hinzulegen, das Schamgefühl, es tatsächlich zu tun, noch größer. Also bleibe ich sitzen. Ich schreibe viel in der Bahn. Ich finde dort Inspiration. Irgendwann fährt auch die letzte Bahn. Ich steige am Hauptbahnhof aus. Der wichtigste Ort für mich. Manchmal komme ich in die Wandelhalle und blicke auf das riesige goldene M-Zeichen. Wie der Eingang zu einem Tempel. Ein Fresstempel.

Es ist kurz nach ein Uhr in der Nacht. Ich sehe die Dealer und die Junkies. Die Frauen, die sich auf dem Steindamm prostituieren, und die Menschen, die nichts haben und nur noch leben, um zu sterben. Hauptbahnhof. Endstation Elend. Jeden, der hier nichts zu suchen hat, sieht man in schnellen Schritten Richtung Taxi laufen. Hauptsache, weg, als seien sie auf der Flucht. Mein Weg führt mich die Treppen nach oben zu McDonald's, das hat 24 Stunden geöffnet. Schon ironisch, dass sie Werbung machen mit dem Motto „Deine neue Grundversorgung". Ich ernähre mich von Ein-Euro-Burgern.

Nicht nur wegen des billigen Essens ist McD eine wichtige Anlaufstelle. Hier kann man auf die Toilette gehen. Manchmal lehne ich meinen Kopf gegen die Kabinenwand, um ein bisschen einzunicken. Am Waschbecken kurz frisch machen, Gesicht und Hände waschen. Bei Mäcces ist Pause. Das Einzige, was einem nicht passieren darf, ist einschlafen. Schon gar nicht am Tisch. Dann knallt es laut neben einem, und man wird angeschrien. Zwei Minuten später kommt die Security und schmeißt einen raus. Darum bleibt es immer nur ein Zwischenstopp.

Immerhin ist die halbe Nacht geschafft. Es geht weiter mit dem Nachtbus. Von einem Ende der Stadt zum anderen. Busfahren ist anstrengend. Es belastet körperlich. Nach ein paar Stunden reicht es einem. Oft nehme ich die Buslinie 607. Die hält an der Reeperbahn. Von dort aus spaziere ich über den Kiez und sehe wieder Gestalten in dunklen Seitenstraßen umherschleichen. Ich laufe zum Hafen. In der Morgendämmerung schaue ich auf die gelben Lichter, setze mich hin und schreibe. Gegen sechs Uhr in der Früh machen Waschsalons auf. Ein warmer Raum. So früh ist selten etwas los, und ich habe noch ein bisschen Zeit, mich aufzuwärmen.

In den Nächten kaufe ich am Hauptbahnhof eine „Mopo". Die bekommt man schon richtig früh als eine der ersten Zeitungen. Bei McDonald's schlage ich immer nur eine Seite auf. Damit ich nicht am Tisch einschlafe, mache ich das Kreuzworträtsel. Im Waschsalon lese ich die Zeitung komplett durch. Dort gibt es auch Spiegel. Kurz die Spuren der Nacht begutachten, fertig machen und los, ab zur Schule. Ich husche kurz vor dem Unterricht noch einmal auf die Toilette. Aus der Jackentasche ziehe ich Zahnbürste und Zahnpasta heraus. Ich putze schnell die Zähne und wuschel mir durch die Haare. Dann setze ich mich in meine Klasse.

Fehl am Platz

Das Schlafen im Freien ist nicht das Schlimmste. Es ist vor allem körperlich anstrengend. Der Rücken schmerzt vom harten Untergrund. Die Nase läuft ständig, und ich fühle mich oft krank. Mutter Natur ist ehrlich, bei ihr weiß ich, was ich kriege. Sonne, Regen, Schnee, Wind. Ich weiß, was auf mich zukommt. Die Unsicherheit in meinem Alltag hat mich oft verzweifeln lassen. Nirgends weiterkommen, nicht mal reinkommen, die Angst vor verschlossenen Türen. Das langsame Eingehen, nach Enttäuschung und Frustration kommt die Resignation.

Ich habe nach Hilfe gefragt, bei der Suche nach einem Schlafplatz oder in den Nächten, in denen ich nichts zu essen hatte. Die Türen blieben zu, selbst die meiner Mutter. Jeder Versuch, nach dem ich dann doch alleine klarkommen musste, hat mich mehr kaputt gemacht. Ich habe mich vor der Zerstörung geschützt und angefangen, ein Doppelleben zu führen. Ich kann nicht beschreiben, wie ich mich gefühlt habe, als ich da stand, unten an der Tür von meinem „Freund". Er war da, er sah mich, knipste das Licht aus und machte nicht auf, in der ersten Nacht. Ich würde nicht mehr um Hilfe fragen. Kannst du verstehen, dass man das irgendwann nicht mehr kann?

„Alles gut?" Lachen. „Ja. Bei dir?"
„Du bist 'n Penner? Das ist ja eklig, wo gehst du denn
auf Toilette?"
„Jetzt weiß ich auch, warum du jeden Tag das Gleiche anhast."
„Du stinkst."
„Was ist in der Tasche drin, hast du echt nur das?
Ich könnte das ja gar nicht."

„Bring mich zum Lachen, dann geb ich dir vielleicht
'nen Euro."
„Hast du keine Eltern? Du solltest zu Hause sein."
„Du hast rote Augen, du nimmst bestimmt Drogen."
„Er ist jetzt schon seit Tagen hier. Was ist mit seiner Mutter?"
„Kennt er nicht noch jemand anderen?"
„Er kann noch zum Abendessen bleiben, aber nicht
über Nacht." Ich sitze im Wohnzimmer und höre sie in
der Küche reden. Dann kommen sie lachend heraus:
„Bedien dich, fühl dich wie zu Haus."
„Auf Wiedersehen."

Sie verabschieden mich an der Haustür. Es ist dunkel, ich gehe
die Treppenstufen hinunter. Im Licht der Laternen starte ich in
die Nacht.

Auf der Straße schlafen? Sich über Nacht durchschlagen.

„Nimm dir aus dem Kühlschrank, was du möchtest." Ich fasse
den Kühlschrank nicht an. Der Kühlschrank ist im Kopf immer
noch abgeschlossen.

„Iss, wenn du Hunger hast." Ich habe ein Loch im Bauch, lache
und bedanke mich.

Beim Essen sitzen wir alle am Tisch. Ich sitze kerzengerade,
niemand soll mich an den Stuhl binden müssen. Nach einem Teller
höre ich auf, ich könnte noch drei weitere essen, aber das gehört
sich nicht.

„Mach es dir ruhig bequem, wir gucken alle zusammen einen
Film." Ich nehme nur ein Fleckchen auf dem riesigen Ecksofa ein.
Möglichst wenig berühren und still sein. Ich gehöre hier nicht
her, will niemandem zur Last fallen und bin mir sicher, ich sei fehl
am Platz.

Alle sind müde, um die Zeit gehe ich draußen meistens essen. Meine Gedanken rasen. Ich kann nicht schlafen. Ich liege aber auch schon, ich will doch nicht den Rhythmus der anderen stören. Draußen bin ich unsichtbar, und hier drinnen versuche ich, es ebenso zu sein. In der Nacht auf die Toilette gehen? Ich wecke doch niemanden auf! Anhalten. Neuer Tag. Schnell ins Bad. Die anderen wollen auch. Ich hinterlasse alles sauberer, als es vorher war.

Ich war nie da.

Akte.
Hamburg-Wilhelmsburg, 2006

Es gibt Orte, wo man nicht sein will. Das Heim in der Feuerbergstraße gehört dazu. Es ist direkt neben dem Jugendknast. Viele, die hier schlafen, kennen die Zellen von nebenan, und ebenso viele werden sie noch kennenlernen. Ein Haus voller verlorener Jungs. Selbst hier kann ich nicht bleiben. Das Problem ist mein Alter. Mit 17 Jahren pendelt man zwischen den behördlichen Zuständigkeiten. Minderjährig? Jugendlich? Solange mein Fall nicht klar definiert ist, schieben das Jugendamt und die Familienbehörde sich die Verantwortung hin und her.

Die Nächte sind lang und irgendwann entscheide ich mich, die Zeit zu nutzen. Ich schreibe mir Argumente auf, die ich in den Gesprächen mit den Ämtern aufzählen will. Ich möchte gut vorbereitet sein für diese Termine.

Ich weiß, was ich sagen will, und gehe es immer und immer wieder in meinem Kopf durch. Es gibt nichts Wichtigeres. Der

Sachbearbeiter teilt mir mit, dass er in meinem Fall leider nichts machen kann, ich soll warten. Warten. Hier ist es zum ersten Mal passiert. Ein Mensch unterhält sich mit mir, ohne mit mir zu reden. Sein Blick ist immer nur auf die Papiere vor ihm gerichtet. Mit mir spricht er nicht, als Mensch nimmt er mich nicht wahr. Ich bin eine Akte. Am Ende verabschiedet der Sachbearbeiter sich mit den Worten, ich sei der hygienischste Obdachlose, den er je kennengelernt habe. Mehr passiert nicht und für mich geht es wieder raus.

Es hat lange gedauert.Dann nimmt mich schließlich Vater Staat in seine Obhut.

Väter

Ich kenne meinen Vater nicht. Er hat meine Mutter verlassen, während sie mit mir schwanger war. Ich habe keine Ahnung, wie er aussieht, habe nie ein Bild von ihm gesehen. Ich weiß, dass er aus Zypern kommt, von der griechischen Seite. Seinen Namen weiß ich nicht mehr. Ich konnte einmal seine tiefe Stimme auf dem Anrufbeantworter hören. Er hat Englisch gesprochen, ich habe kein Wort verstanden. Meine Mutter hat nie von ihm geredet, niemand tat das. Eine Hälfte von mir fehlt komplett und hat nie in meinem Leben existiert.

Ich hatte einen Großvater. Von uns hingen viele Fotos im Kinderzimmer bei meinen Großeltern. Ich habe das Bild im Kopf, wie mein Opa auf dem Kiesweg unserer Einfahrt neben mir kniet und mit seinem Schnauzer in die Kamera grinst.

Ich weiß genau, wie er ausgesehen hat. Er war früher Ringer

und kräftig gebaut. Seine kurzen Haare wurden immer weißer. Mein Opa hat alles für uns gemacht. Er war ein leidenschaftlicher Koch und hat uns die schönsten Mahlzeiten mit viel Liebe zubereitet. Er hat meine Oma glücklich gemacht. So glücklich, dass ich Freudentränen bekomme, wenn ich daran denke, wie sie miteinander umgegangen sind.

Mein Opa war früher Käsemeister bei Milkana und ging in Rente. Er war ordentlich, machte den Haushalt und pflegte den Garten. Er half den Nachbarn mit ihren Grundstücken und kümmerte sich bei den kleinen Firmen um die Grünanlagen. Er war handwerklich begabt und baute oder reparierte ständig Sachen. Im Garten ein Gewächshaus, bei Bauer Josef nebenan einen Hühnerstall. Mein Opa hat hart geackert. Er war ein Arbeitstier. Er brauchte nicht viel. Ich glaube, er war zufrieden damit zu sehen, wie es allen um ihn herum gut ging. Das waren die Früchte seiner Arbeit. Darauf gönnte er sich am Abend sein Bier und saß entspannt in seinem Sessel. Es war erhaben.

Meine Oma musste meinen Opa zum Shoppen prügeln. Er gab nur Geld für Werkzeug oder Küchengeräte aus. Dabei war er nicht geizig. Er hat meiner Oma alles gekauft, was ihr gefallen hat. Ich habe bei ihm oft etwas mitnehmen dürfen, wenn wir einkaufen gingen. Meine Oma kaufte ihm dann neue Klamotten, damit er wenigstens mal neue Hosen und Hemden anzog. Mein Opa brauchte zwei Hosen, und wenn in einer ein Loch war, flickte er es einfach wieder.

Auf dem Dorffest bekam ich eine Faust von einem betrunkenen Mann ins Gesicht. Einfach so, mein Auge wurde blau. Es passierte bei den Toiletten. Ich kam zurück zum Tisch, an dem ich mit meinem Opa saß. Er sah mich an und fragte, was los war. Ich erzählte es ihm. Er stand auf, dann gab's eine aufs Maul. Der

Typ fiel mit dem ersten Schlag zu Boden. Mein Opa setzte sich wieder zu mir.

Mein Opa hat mich geprägt, ich verstehe es erst jetzt, wo ich nicht aufhören kann, über ihn zu schreiben, und mir unzählige Geschichten einfallen, in denen mein Opa die Hauptrolle spielt. Mein Großvater ist mein Vorbild.

Mein Opa gab mir die Hand, egal ob zur Begrüßung oder Verabschiedung. Das hat er immer gemacht. Mein Opa ist eben auch ein Stein. Ich habe ihn nie schwach gesehen, bevor meine Oma gestorben ist. Ich habe ihn auch nie weinen gesehen. Er zeigte Stärke nach außen. Das Innere blieb oft verborgen, Gefühle zeigte er kaum. Er sprach in Taten. Darum erinnere ich mich genau, wie ich einmal nach längerer Zeit meinen Opa besuchen kam. Ich stieg aus dem Zug aus und reichte ihm automatisch die Hand hin. Da zog er mich an sich und schloss mich in seine Arme. Das war ein wichtiger Moment. Ich habe mir lange gewünscht, meinem Opa näher zu sein.

Ich hatte einen Stiefvater. Er hat mich geschlagen, mit der flachen Hand, mit der Faust oder mit Gegenständen. Von ihm lernte ich, wie man fremdgeht und lügt.

Weil alle diese Väter nicht für mich da sein können, springt „Vater Staat" ein. Ich bin sechzehn Jahre alt und habe keinen Vormund, niemanden, der für mich erziehungsberechtigt ist. Also komme ich in die Obhut des Systems. Vater Staat behandelt mich zunächst auch stiefväterlich und zeigt kein Interesse an mir. Ich lebe bis zu meinem siebzehnten Lebensjahr auf der Straße. Das Jugendamt und die Behörde sehen keine Zuständigkeit und schieben „meinen Fall", mein Leben auf ihren Wartestühlen in der Wartezone hin und her.

Ich komme in eine Gruppe „Betreutes Wohnen". Dort bringt

man mir bei, wie ich Taschengeld von Vater Staat erhalte. Das Erste, was ich mit meinen Betreuern mache, ist, einen Antrag auf Arbeitslosengeld auszufüllen. Vater Staat ist sehr streng mit seinem Taschengeld. Seine Regel lautet: „fordern und fördern". Vater Staat betreut viele Kinder. Er hat für alle die gleiche Regel aufgestellt. Da muss man mit zurechtkommen.

Vater Staat sanktioniert mich manchmal in Teilen, manchmal auch ganz. Dann habe ich keinen Cent Taschengeld. Vater Staat gibt mir einen DIN-A4-Schein mit, „Lebensmittelgutschein" steht drauf. Für 40 Euro darf ich mir dann Essen kaufen. Meine Miete kann ich mit dem Lebensmittelgutschein nicht zahlen. Weil Vater Staat mein Gesicht oft vergessen hat, gibt er mir ein Papier, auf dem alles steht. Außerdem kann er sich gut Zahlen merken. Sage ich meine Nummer, hört er mir mehr zu, als wenn ich versuche, ihm zu erklären, wer ich bin. Meine Beziehung zu Vater Staat bleibt bis heute schwierig. Am Ende ist er für mich da, und ich glaube, dass wir langsam einen Kompromiss finden.

Schlüssel.
Hamburg-Berne, 2006

18 Jahre und endlich erwachsen, aber noch überhaupt nicht bereit für das Leben. Ich muss aus dem betreuten Wohnen ausziehen. Das Amt und die Betreuer vermitteln mir meine erste eigene Wohnung. Von nun an soll ich selbstständig klarkommen. Ich habe mir im letzten Jahr meinen Schulplatz selber gesucht. Meine Betreuer sind nur bei Terminen mit dem Amt anwesend. Den Rest bekomme ich geregelt. Die W4-Gesundheitsschule in Wilhelmsburg ist direkt

um die Ecke. Ich muss morgens nur fünf Minuten gehen. Das ist mir wichtig, denn mit Fehlzeiten hatte ich oft Probleme. Ich habe einen Termin im Büro des Kinder- und Jugendnotdienstes. Dort arbeiten meine Betreuer tagsüber. Unsere Wohnung ist in dem Wohnkomplex nebenan. Ich sitze an einem langen Tisch, und ein Stadtplan liegt ausgebreitet vor mir. Ein roter Punkt zeigt auf eine Stelle ziemlich weit entfernt von Wilhelmsburg, das kann ich schnell erkennen.

Sie haben eine Wohnung für mich in Berne gefunden. Das ist auf der anderen Seite der Stadt. Dort soll ich schon im nächsten Monat einziehen. Keine Wohnungsbesichtigung, es ist bereits alles ausgemacht. Ich habe mich oft gefragt, wieso sie mich so weit weg von der Schule ziehen lassen. Berne, das liegt im Norden von Hamburg, zwanzig Kilometer von Wilhelmsburg entfernt. Dort bin ich noch nie zuvor gewesen. Ich packe meine Sachen. Es ist nicht viel. Die zwei Koffer, mit denen ich vor zwei Jahren auf die Straße gegangen bin, sind zu einer Tasche geschrumpft. Der Rest ging verloren oder blieb liegen. Auf der Straße geht so vieles verloren.

Eine gepackte Tasche, ein paar blaue Müllsäcke, vollgestopft mit Bettwäsche und Schuhen. Außerdem besitze ich noch einige CDs. Musik ist wie Stift und Papier unverzichtbar. Das ist alles. Meine Sachen werden mir bis nach Berne gefahren. Wir laden das Auto aus und tragen die Sachen vor den Hauseingang, ein blau-weißes Hochhaus in der Bekassinenau. Dort bekomme ich den Schlüssel überreicht. Ich gehe die Treppen bis in den vierten Stock. Es gibt eine Abzweigung auf einen langen Flur, an der zweiten Tür auf der rechten Seite bleibe ich stehen. Die Haustür meiner ersten eigenen Wohnung.

Ein kleiner Flur, auf der rechten Seite ein Lichtschalter. Beim

Umklappen passiert nichts. Als Erstes sehe ich die Küche zu meiner linken Seite. Hässliche braune Kacheln und keine Küchenmöbel. Es gibt keinen Ofen und keinen Kühlschrank, doch die Küche ist ohnehin ein Ort, an dem ich mich nicht lange aufhalten kann. Ich verbinde damit zu viele schlechte Erlebnisse. Die Wohnung hat ein großes Zimmer, den Flur gerade durch. Ich hatte die Vorstellung, dass alle Wohnungen vielleicht nicht möbliert waren, aber zumindest beziehbar. Ich war mir sicher, jede Wohnung hat Strom, warmes Wasser und einen Boden. Hier gehe ich über steinigen Boden, der überall aufgebrochen ist, ich trete auf Beton. Der Bauschutt ist in den Ecken aufgehäuft. Die Wände sind eingerissen. Ich stehe auf einer Baustelle. Das Licht geht auch hier nicht an, genauso wenig funktioniert es im Badezimmer, das ich als Letztes ansehe.

Es hat dieselben braunen Kacheln wie die Küche, an vielen Stellen fehlen Teile oder bröckeln ab. Es gibt eine alte Toilette, bei der man an einer Schnur ziehen muss, um zu spülen. Das Wasser läuft, es kommt allerdings nur kaltes Wasser aus dem Hahn. Das sind die ersten Minuten in meiner neuen Wohnung. Immer wenn etwas passiert, mit dem ich schwer umgehen kann, wird mir heiß, ich fange an zu schwitzen. Mein Bauch verkrampft, und Druck baut sich zwischen meinen Ohren auf, bis der Schädel hämmert. Es ist, als bekäme ich einen unsichtbaren Schlag verpasst.

Haben meine Betreuer gewusst, in welchem Zustand die Wohnung ist? Wenn ja, wieso haben sie mir nichts gesagt? Warum ist niemand mit in die Wohnung gegangen? Wieso entlässt man einen 18-Jährigen, ohne sich vorab über die neue Wohnung zu informieren, die man für jemanden ausgewählt hat? Das sind die Fragen, die mich in meiner ersten Nacht beschäftigen. Ich verbringe die Nacht wie auf der Straße. Ich habe nur eine klappbare

Matratze, ich lege noch einen Haufen Klamotten drauf, dann ist mein Bett gemacht. Ich ziehe die Kapuze über den Kopf, so wie ich es draußen machte. Ich liege auf hartem Steinboden und habe das Gefühl, wieder ganz unten zu sein.

Der Wecker klingelt. Es ist Zeit, zur Schule zu gehen. Von Berne aus bedeutet das eine Stunde Anfahrt. Ich laufe bis zur U-Bahn-Station Berne. Mit der U1 fahre ich bis zum Hauptbahnhof. Auf der Straße habe ich auch oft die U1-Strecke genommen bis zur letzten Bahn. Vom Hauptbahnhof nehme ich die S3, eine Strecke mit einer der schönsten Aussichten auf die Stadt. Ich fahre über die Elbe nach Wilhelmsburg, in den Süden Hamburgs.

Der Start ist schwer. Ich besorge Kerzen, denn von Stromanbietern habe ich keine Ahnung. Ich versuche, mich, so gut es geht, zu waschen. Das Wasser ist bitterkalt, Duschen tut buchstäblich weh. Die Küche wird zur Abstellkammer. Ohne einen Kühlschrank bewahre ich meinen Einkauf auf dem Balkon auf, zumindest über Nacht liegen die Sachen gekühlt. Ich ernähre mich von Eierwaffeln oder Brot mit Käse. Ich wohne zwar in vier Wänden, lebe aber wie auf der Straße.

Level geschafft.

Was mich oben hält, das ist die Schule. Seitdem ich den Entschluss fasste, Abi zu machen, fokussiere ich mich auf dieses Ziel. Ich bin nicht mehr schulpflichtig und muss den Umweg gehen. Ich habe zwei Jahre fachbezogenen Unterricht an der Gesundheitsschule, dazu die normalen Schulfächer. Die meisten brauchen für ihren Realschulabschluss nur ein Schuljahr. Ich bin auf zwei verschiedenen Schulen und brauche drei Jahre. Ich bin weit hinterher, komme aber dem Ziel immer etwas näher.

Mit meinem Umzug kommen auch die Fehlzeiten zurück. Wegen der Wohnsituation und den ständigen Gängen zu Ämtern und Gerichten, um Geld zu bekommen, verpasse ich viel Zeit in der Schule. Ich warte an vielen Vormittagen lange darauf, dass meine Nummer auf der Tafel steht, ich an die Anmeldung gehen darf und von dort in die zuständige Abteilung weitergeschickt werde. Ich werde oft angemacht dafür, erst um zehn vor zwölf zu kommen. Man soll um acht Uhr morgens da sein. Dass ich von der Schule komme und Unterricht schwänze, um hier sein zu können, ist keine Begründung, sondern macht das Verhalten der Leute auf dem Amt noch abwertender. Sie lassen sich Zeit, und ich spüre, dass Wartenlassen eine Form von Machtausübung sein kann.

Mein Realschulzeugnis ist das Einzige, was ich vorweisen kann. Ein Spiegel der Kontraste in meinem Leben. Ich habe von „sehr gut" bis zu „ungenügend" jede Note. Meine Fehlzeiten sprengen den Rahmen, es kommen über 320 unentschuldigte Stunden zusammen. In den Hauptfächern bin ich gut, alles im Bereich Gesundheit gleicht einer Arbeitsverweigerung. Nicht aus Desinteresse, ich suche mir einfach diese Stunden zum Schwänzen aus. Weil ich weiß, dass ich in den Hauptfächern gute Noten bekomme, wenn ich nur anwesend bin. Die Taktik geht auf, trotzdem ist es kein verdienter Sieg. Meine Klassenlehrerin hält etwas von mir und lässt mir einiges durchgehen. Ich habe das Level geschafft, aber stehe häufig kurz vor „Game Over". Die Chance, weiter nach oben aufs Gymnasium zu kommen, bleibt, aber der Blick nach unten ist Daueraussicht. Meine Lehrerin hat Kontakte zum Wirtschaftsgymnasium in Steilshoop. Ich habe es bis zur letzten Hürde geschafft.

Schuldenberg.
Hamburg-Eimsbüttel, 2008

Es scheint besser zu laufen. Ich bin jetzt auf dem Gymnasium. Konrad ist mein bester Freund schon seit der Heinrich-Hertz-Schule, wir fingen gemeinsam an, Basketball zu spielen. Mit ihm teile ich meine Geheimnisse, er hat mich nie verurteilt. Er hat mich so sein lassen, wie ich war. Max ebenfalls. Sie sind wie Brüder für mich. Sie haben bereits ihr Abi und wollen bald anfangen zu studieren. Wir überlegen, eine WG zu gründen. Konrads Vater besitzt noch eine Wohnung im Stadtteil Eimsbüttel. Im Jahr 2008 ziehen wir in den Weckmannweg 9. Es ist die schönste Zeit, und es scheint, als schaffe ich den Anschluss. Seit Jahren renne ich hinterher und versuche aufzuholen. Ich will auf der gleichen Ebene sein wie Konrad und Max. Ich bin noch ganz woanders.

Ich habe ein kleines, gemütliches Zimmer. Ich kaufe auf Ratenzahlung ein Bett. Ich will alles, was meine Freunde in ihren Zimmern haben, weil ich denke, ich brauche es. Einen Fernseher, einen Laptop, Kleiderschrank und was ich sonst nicht habe. Ich will alles.

20 Jahre Pleiten und Krisen
Bis zum Hals in den Miesen
Vom Konsumwahn getrieben
Zahl ich das Handy in Raten, bin den Laptop am Leasen
Außer Schulden nichts geblieben
Gelbe Briefe blieben ungeöffnet liegen
Am Ende die Sachen durch die gepanzerte Glaswand schieben
Um einen kleinen Kredit beim Pfandleihhaus zu kriegen

Darum blieb ich tagsüber liegen, guckte die x-te
Wiederholung
Big Bang Theory auf Pro Sieben

Mit Max und Konrad habe ich die schönsten Zeiten. Mann, wir
haben uns jedes Wochenende auf dem Kiez verliebt. Unsere erste
Partyzeit. Wir tanken zu Hause vor. Manchmal geht es erst um
drei Uhr morgens los Richtung Reeperbahn. Wir kaufen noch eine
Flasche und setzen uns auf die Treppe. Es wird unsere Treppe.
In der Straße gegenüber der sündigsten Straße Deutschlands, der
Herbertstraße, neben Susis Show Bar, fünf Stufen und ein völlig
zugetaggter Hauseingang, das ist unser Kiez. Lernt einer von uns
ein Mädchen kennen, dann sind wir bei unserem ersten Date mit
Sicherheit auch bei der Treppe. Wir teilen den Kater danach oder
den Liebeskummer, wenn sich jemand trennt. Wir bleiben zusammen. Wir hören die gleiche Musik, wir spielen alle Basketball. Wir
sind jung, wollen uns verlieben und feiern.

Wir haben immer gute Gespräche, wir haben uns beinahe alles
erzählt. Wir haben viel geteilt, und die beiden kennen mich besser
als die meisten. Beide kennen meine Mutter, und Konrad und Max
waren schon mit mir in Bayern bei meinem Opa.

Ich führe ein Doppelleben. Ich erzähle nicht alles, und keiner
kennt die ganze Wahrheit. Ich habe es nie geschafft, ehrlich zu sein.
Stattdessen verstricke ich mich in ein Geflecht aus Lügen. Ich kann
nicht zugeben, dass ich erst Abi mache, ich sage immer, ich bin
in der gleichen Stufe. Ich belüge meine Freunde, seitdem ich auf
der Straße bin. Ich kann irgendwann nicht mehr um Hilfe fragen.

In der Wohnung flattern die gelben Briefe ins Haus, das ist aufgefallen. Um die Miete zu zahlen, muss ich neben der Schule noch
arbeiten. Ich finde über einen Kollegen etwas im Sicherheitsdienst.

Es ist ein langweiliger Job, der trotzdem enorm Kraft kostet. Ich passe auf leere Bürogebäude am Jungfernstieg auf. Meine Schicht dauert zwölf Stunden, von 18 Uhr abends bis 6 Uhr morgens. Von dort aus geht es dann weiter zur Schule.

Die Chefs kontrollieren ständig die Anwesenheit. Gerne steht mal einer unten an der Tür, um zu schauen, ob man an seinem Platz sitzt. Ich habe auf einem Stuhl im hell beleuchteten Eingang zu sitzen, hinter mir im gedimmten Licht stehen die ledernen Sitzgarnituren im Eingangsbereich. Die gesamte Schicht starre ich auf die Sessel und werde müde. Morgens kommt die Ablösung und drückt mir Kohle in die Hand. Ich verdiene Geld damit, Zeit abzusitzen. Außerdem mache ich Sicherheitsdienst im Krankenhaus. Die gleichen Zeiten. Wir arbeiten zu zweit und sollen zwölf Stunden am Stück auf den Beinen sein, über das Gelände patrouillieren. Immerhin sind hier Menschen, und man kann in der Nacht einen Kaffee mit den Krankenschwestern trinken oder mit seinem Kollegen die Zeit totschlagen.

An Silvester gibt es den einzigen Notfall. Mein Arbeitshandy klingelt. Es ist nicht der Chef mit einem seiner Kontrollanrufe, sondern eine Krankenschwester, die ins Telefon schreit, jemand wolle sich mit einem Messer verletzen. Als ich das Zimmer erreiche, sehe ich einen alten Mann, der auf sich selbst einsticht. Das Blut spritzt aus seinem Körper wie aus dem Strohhalm einer zerdrückten Capri-Sonne. Er sticht sich kurz und heftig in den Bauch. Ich gehe schnell auf das Bett zu und drücke den Arm des Mannes herunter. Mein Kollege kommt hinterher und schnappt sich das Messer. Der Mann wird in den OP gebracht, und wir laufen weiter unsere Runde. Später erfahre ich, dass ihn seine Familie an diesem Silvesterabend nicht besuchte. Das brachte den alten Mann dazu, sich etwas anzutun. Er fühlte sich allein gelassen.

Ich arbeite mit einem Mann zusammen, der Familie hat. Der Schichtdienst entfremdet ihn von seiner Frau und Tochter, erzählt er mir jeden Abend. Für 3,50 Euro netto die Stunde ackert er sich ab, damit sie über die Runden kommen. Das ist moderne Sklaverei. Dabei ist dieser Beruf so wichtig. Jeder von uns wünscht sich Sicherheit. Das Geld vom Amt und die Kohle vom Sicherheitsdienst reichen nicht aus, um die Miete jeden Monat pünktlich aufbringen zu können. Es häufen sich die Mahnungen, und der Schuldenberg wächst weiter. Ich habe schon Probleme, mein Essen zu kaufen. Immer öfter kommt Max in mein Zimmer und fragt mich, ob ich seine Nudeln oder seine Pizza genommen habe. Konrad klopft immer noch an, bevor er reinkommt, dann fragt er mich, ob ich wüsste, wo seine Boxershorts oder andere seiner Klamotten sind.

Ich sage zu beiden Nein. Ich lüge sie an. Konrad hat mir immer wieder verziehen und ist heute noch da. Es ist anders als früher, aber wir sind Freunde. Max verliere ich.

Genauso wie mein Zimmer. Nachdem ich einige Male die Miete erst Mitte des Monats überwiesen habe, einen Monat gar nicht zahlen kann, bleibt Konrads Vater nichts anderes übrig, als die Reißleine zu ziehen. Ich habe beim Einzug einen Untermietvertrag unterschrieben, der nun gekündigt ist.

Konto

Was ein Konto ist oder wie man mit Geld umgeht, hat mir nie jemand erklärt. Das habe ich auch nicht in der Schule gelernt. Dafür kann ich immer noch den Satz des Pythagoras auswendig. Ich glaube, ich musste ihn noch nie anwenden. Die Bank schickt mir einen Brief zum 18. Geburtstag, sie lassen viele Grüße da. Außerdem liegt eine Einladung zu einem Gespräch dabei. Mein erster Termin, zu dem ich ohne Begleitung erscheine. Der Bankkaufmann ist sehr nett. Er bringt mir etwas zu trinken und fragt, wie es mir denn geht und was ich so mache. Ich denke: „Der Mann meint es gut mit mir." Am Ende unterschreibe ich, was er mir vorhält. Ich habe eine Versicherung abgeschlossen. Außerdem bin ich Bausparer und sorge für die Rente vor.

Ich weiß nicht, ob der Mitarbeiter für abgeschlossene Verträge eine Provision erhält, aber mir haben all diese Sachen nichts gebracht. Außer Schulden. Ich bin ein Schüler, der von 300 Euro Arbeitslosengeld II lebt. Ich rede mit dem Mann von der Bank nicht darüber, wie so ein Konto funktioniert oder wie ich Überweisungen mache. Ich bekomme zusätzlich einen Dispokredit eingerichtet und eine Kreditkarte nach Hause geschickt. Ich bin jetzt erwachsen. Ich habe keine Ahnung, was ein Dispo ist. Ich gehe zum Automaten und hebe Geld ab. So lange, bis nichts mehr rauskommt. Dann benutzte ich die glänzende Karte. Die Leute schauen komisch, wenn ich einen Zwei-Euro-Einkauf mit der Kreditkarte bezahle. Gesagt hat aber keiner etwas.

Irgendwann kommt die Bankkarte nicht mehr aus dem Automaten. Dann wird wenig später die Kreditkarte eingezogen. Im selben Jahr unterschreibe ich viele Verträge. Für ein Handy. Für eine Wohnung, in der es nichts gab, nicht einmal einen Boden oder Strom. Ich kaufe bei Versandhäusern auf Kredit Möbel und Haushaltssachen. Zehn Euro Ratenzahlung im Monat, das klingt immer nach nichts. Am Ende kann ich die Rechnungen nicht zahlen. Mahnbriefe. Mein Konto wird gepfändet.

Ab dann warte ich jeden Monat im Gebäude des Amtsgerichts auf meinen Antrag auf Freigabe des unpfändbaren Einkommens.

Mit meinen Leistungen liege ich unterhalb der Grenze und habe sieben Tage nach Pfändung Zeit, das Geld zurückzuholen. Am Anfang des Monats ziehen Gläubiger das Geld ein. Ich stelle den Antrag beim Amtsgericht. So lange ist mein Konto gesperrt und mit dem bewilligten Antrag wieder freigegeben. So wiederholt es sich. Ich gehe ständig vom Amt zur Bank und zum Gericht. Das Wort Schuldenberater habe ich bis dahin noch nie gehört.

Im Jahr 2010 wird das Pfändungsschutzkonto eingeführt. Ich kann also wieder über mein Konto verfügen, ohne dafür Beschlüsse vom Amtsgericht anzufordern. Der Freibetrag liegt bei 1045 Euro. Alles darunter darf ich behalten, der Rest geht an die Gläubiger.

Ich lebe immer öfter und länger auf der Straße. Kein Geld vom Amt. Die Bank sperrt mein Konto. Zusätzlich gibt es eine Frist von sechs Monaten, in der ich nirgendwo ein Konto beantragen kann. Die Frist verstreicht. Doch statt mir das Konto wieder zugänglich zu machen, löscht es die Bank. Ich habe jetzt gar kein Konto mehr. Inzwischen gibt es das "Jedermann-Konto". Jeder hat das Recht auf ein Girokonto. Das ist gesetzlich vorgeschrieben. Trotzdem haben die Banken mir die letzten Jahre verweigert, ein Konto zu eröffnen. Eine Bank hat das Recht, mich ohne Angabe von Gründen abzulehnen. Und das tun alle Banken.

Rauswurf x2, Hamburg-Steilshoop, 2010

Vom Getto in Wilhelmsburg ins Getto nach Steilo, mit Zwischenstation in Berne und Eimsbüttel. Ich habe viele Wohnsitze, aber keinen festen Ort. Steilshoop ist als sozialer Brennpunkt bekannt. Hier gibt es die meisten Migranten, den höchsten Arbeitslosenanteil und die höchste Kriminalitätsrate. Steilshooper Straße 221 ist meine neue Adresse. Ich ziehe zu einem Kiffer-Paar. Ich bin der Erste, der sich auf das Inserat meldet, und weil sie möglichst wenig Stress wollen, bekomme ich auch direkt das Zimmer zur Untermiete. Eine Lohnabrechnung will keiner haben, Bargeld ist gerne gesehen.

Ein leeres Zimmer. Eine Matratze und meine schwarze Nike-Tasche. Das Bild wiederholt sich mein gesamtes Leben. Ich bin wieder nah an der Schule, das erste Jahr läuft in Ordnung, ich habe eine Struktur. Morgens zur Schule, danach nach Hause zum Schlafen, um abends zur Arbeit zu gehen.

Es kommt so plötzlich, wie ich es schreibe: Das Handy von meinem Chef ist aus, und ich erreiche ihn auch nie wieder. Der Job ist weg. Ich sitze also wieder beim Amt mit einer Wartenummer in der Wartezone. Ich stelle einen Antrag auf Kostenübernahme der Unterkunft und Regelleistungen.

Ich komme nach Hause, da erzählen mir meine Mitbewohner, dass Leute vom Amt hier waren und mein Zimmer sehen wollten. Ich gehe meine Post durch. Es wurden Mitarbeiter zu mir geschickt, um zu überprüfen, ob ich wirklich bei der angegebenen Adresse wohne. Eine Woche später kommt der nächste Brief. Das Amt ist der Meinung, dass so kein bewohntes Zimmer aussieht. Es ist nicht möbliert, und sie können weder Bilder noch andere Papiere sehen. Dass ich seit Jahren aus einer Tasche lebe, ist der Grund, meinen Antrag abzulehnen. Ich rufe an und mache einen Termin. Ich komme ins Jobcenter, zwei Männer empfangen mich mit einem herablassenden Lächeln. Ob ich denn überhaupt Schlüssel habe, fragt einer der beiden.

Ich hole meinen Schlüssel aus der Tasche. Sie wollen direkt mit mir nach Hause fahren. Zum zweiten Mal gehen sie durch die Wohnung, meine Mitbewohner sind zu Hause und begrüßen mich, bestätigen noch einmal, dass ich in dem Zimmer lebe. Das sind die Personen, die auch den Mietvertrag mit mir abgeschlossen und unterschrieben haben. Ich hole die Papiere aus meiner Tasche und zeige sie vor. Die Leute vom Amt bleiben bei ihrer Meinung. Sie sagen mir in meinem Zimmer, dass ich hier nicht wohne. Dafür werde es keinen Cent geben. Nur Lebensmittelgutscheine.

Die Sanktionen vom Amt sind schwer zu ertragen. Sie sind demütigend und erniedrigend. Ich bekomme wieder Lebensmittelgutscheine. 40 Euro die Woche, wie gehabt. Tabak und Spirituosen ausgenommen. Das Minimum. Ich bekomme genug, um nicht zu hungern. Der Gutschein gilt nur für einen Einkauf, das heißt, ich muss bei einem Einkauf die 40 Euro verbrauchen und damit dann eine Woche auskommen.

Ich versuche immer zu warten, bis eine Kasse frei ist, doch man kann auch nicht überall den Gutschein einlösen, meistens geht das nur in großen Supermärkten. Also steht hinter mir doch oft eine Schlange und beobachtet das Schauspiel. Dieses Papier kennen nur wenige Kassierer, und die Umstehenden haben es wahrscheinlich auch noch nie gesehen. Die Kassierer nehmen mir den Zettel ab und legen ihn vor sich. Zum Abgleich, dass ich auch wirklich die Person bin, die über den Gutschein verfügen darf, muss ich meinen Ausweis zeigen. Der Kassierer alleine ist nicht befugt, den Gutschein als Zahlungsmittel einzulösen, er muss den Filialleiter dazuholen. Der Filialleiter prüft erneut und mit einem deutlich strengeren Blick das Papier und den Ausweis, dann tippt er etwas in die Kasse, und der Kassierer behält den Gutschein ein.

Das Ganze dauert fünf Minuten. Die Zeit geht nicht rum, und jede einzelne Sekunde möchte ich nicht ich sein.

Es beginnt eine Zeit, in der Menschen anfangen, nach mir zu suchen. Ich entferne meinen Namen von Klingelschild und Briefkasten. Ich verstecke mich. Jetzt kann man mich nicht mehr so einfach finden. Es stehen so viele Menschen vor meiner Tür. Die Zeugen Jehovas, die mich zum Glauben bekehren wollen, sind das kleinste Problem. Ich weiß nicht, ob jemand, der vor der Tür steht, mir die Fresse einschlagen will. Ich habe Stress mit einigen Jungs aus der Nachbarschaft. Die Jungs kenne ich aus der Schulzeit; damals waren sie klein, aber schon ziemlich frech. Jetzt sind sie gerade erwachsen und dealen in meinem Viertel mit Drogen. Sie nehmen das Zeug selbst. Als ich sie in einer Nacht auf der Straße treffe, werden sie aggressiv und greifen mich mit Messern an. Ich stelle einen Baseballschläger neben die Tür, um vorbereitet zu sein.

Mahnungen lasse ich unbeantwortet. Das Schlimmste, was ich tun kann, ist, nicht zu reagieren. Menschen von der GEZ besuchen mich, genauso wie breit gebaute Typen von Inkasso-Unternehmen. Der Gerichtsvollzieher sitzt in der Küche, um meine Selbstauskunft aufzunehmen. Er schaut sich in meinem Zimmer um, da ist nichts zum Pfänden. Es klingelt an der Tür, und ich zucke zusammen. Ich halte den Atem an und mache mich ganz klein.

Ich bin nicht da.

Es wird immer schlimmer. In der Zeit ohne Geld werde ich oft ohne Fahrschein in der Bahn erwischt. Ich bekomme eine Anzeige wegen Erschleichen einer Dienstleistung.

Die Polizei steht vor der Tür. Sie geben mir gelbe und lila Briefe, die nur persönlich zugestellt werden. Darunter ist auch die Mitteilung über eine Anzeige wegen Schwarzfahrens. Sie bringen mich vor Gericht, und ich werde zu einer Geldstrafe verurteilt. Ich habe nie verstanden, wieso Menschen, die nichts haben, Geldstrafen bekommen, ich werde es nie verstehen. Ich weiß nicht, woher ich das Geld nehmen soll. Mein Job im Sicherheitsdienst ist weg, ich gehe weiter zur Schule. Mir fällt nichts anderes ein, als kriminelle Taten zu begehen, um meine monatlichen Raten an die Gerichtskasse zurückzuzahlen. Hehlerei.

Ich bekomme das Geld trotzdem nicht regelmäßig zusammen. Es klingelt um sechs Uhr morgens. Die Polizei kommt mit einem Haftbefehl. Ich habe die restliche Geldstrafe zu zahlen, sonst muss ich sofort eine Freiheitsersatzstrafe im Gefängnis antreten. Ich schaffe es irgendwie, das Geld schnell zu organisieren, und entkomme dem Knast. Dass ich seit Monaten meine Miete nicht mehr zahlen kann, ist für das liebe Hippie-Paar weniger ein Problem. Dass die Polizei so oft vor der Tür steht, allerdings schon. Ich muss ausziehen.

Über eine Anzeige finde ich schnell ein neues Zimmer um die Ecke. Ein lockerer Typ, mit dem ich gut auskomme. In den ersten Tagen verbringen wir viel Zeit miteinander. Er erzählt, dass er eigentlich einer anderen zugesagt habe, und ihr einen Tag vor ihrem Einzug absagte. Ich bin so froh darüber, schnell etwas gefunden zu haben, dass ich nicht mal traurig für das Mädel bin oder überhaupt etwas Falsches daran empfinde.

Mein Konto ist also gepfändet. Ich soll ihm jede Woche 150 Euro geben, dann werde das passen. Ich brauche schnell Geld. Ich besorge mir auf Kommission 25 Gramm von einem Mitschüler und fange wieder an zu dealen. Zwei Tage später habe ich das Geld wieder drin und kann mehr investieren. Drogengeld, um die Miete zusammenzukriegen. Mein Mitbewohner wird mein bester Kunde. Er kommt jeden Tag in mein Zimmer und kauft Dope. Nach zwei Wochen verbringen wir keine Zeit mehr zusammen. Er wirkt anders und ist ziemlich unentspannt. Es ist kein schönes Zusammenleben, aber immer noch besser als draußen auf der Straße. Außerdem bin ich meistens unterwegs und versuche, ihm einfach aus dem Weg zu gehen. Nach sechs Wochen komme ich nach Hause. Der Schlüssel passt nicht in die Haustür. Meine Sachen stehen im Treppenhaus. Ich klingle, er traut sich nicht aufzumachen. Er spricht durch die Tür mit mir. Er möchte doch lieber mit seinem besten Freund wohnen. Der sei heute schon eingezogen. Jetzt bin ich das Mädchen, an das ich keinen Gedanken verschwendet habe. Rausschmiss.

Ich bin wieder auf der Straße.

Hip-Hop

Ein halbes Jahr später, an meinem 23. Geburtstag, findet die letzte Zeugnisausgabe meiner Schullaufbahn statt. Ich bin nicht dabei, ich habe mein Abiturzeugnis nie abgeholt. Nachdem ich erfahren habe, dass ich bestand, bin ich nicht wieder in die Schule gegangen. Ich habe immer nur bis zu diesem Punkt geplant: Ich wollte das Abitur schaffen. Weiter weiß ich nicht.

Der Halt, den ich sonst hatte, ist nicht mehr da. Die Sommerferien gehen dieses Jahr nicht vorbei und die Straße schluckt mich. Bleiben Basketball und Hip-Hop. Seit ich zehn bin, bin ich Hip-Hop.

Ich habe in der vierten Klasse morgens vor der Schule Samy-Deluxe-Musikvideos auf Videorekorder aufgenommen. Das war 2001, und Samy kam mit Songs wie „Weck mich auf" oder „Hab gehört" raus. Ich bin mit Soulmusik aufgewachsen. Jay Z war für mich der Rapper. Die meiste Musik kenne ich aus dem Radio, zum Beispiel „Die Fantastischen Vier". Aus irgendeinem Grund kann ich mich noch an den Wolf erinnern. Es war Sprechgesang, erst als Samy kam, habe ich es Rap genannt. Samy war der erste deutsche Rapper, der mir auffiel. Zusammen mit Afrob kam er als ASD raus, natürlich hatte ich „Wer hätte das gedacht" auf CD. Die erste Ausgabe von „Juice", die ich mir kaufte, war die mit Jay Z auf dem Cover. Die mit dem ASD-Cover war die zweite. Samys nächstes Album „Verdammtnochma" lief im Auto meiner Mutter. Mit Samy konnte ich mich identifizieren. Überdimensional große Klamotten, die Cap schief auf dem Kopf. Wir kopierten Rapper aus den USA, die unsere Idole waren.

Ich lerne Samy an einem Sommernachmittag kennen. Er sitzt in seinem Geländewagen. Ich komme mit dem Fahrrad, in einem riesigen customized Jay-Z-Shirt. Jay Z ist auch Samys Lieblingsrapper, und irgendwie kommen wir ins Gespräch. Er gibt am Nachmittag einen Workshop in einer Schule, und ich mache mit. Ihm gefallen meine Texte. Ich will keine Fotos machen oder die ganze Zeit mit ihm reden, obwohl ich mit seiner Musik aufgewachsen bin. Er redet mit mir ernst und auf Augenhöhe. Das Gefühl hatte ich lange nicht bei einem Erwachsenen, und es gibt mir Selbstvertrauen. Es läuft ziemlich natürlich. Ich habe eine talentierte Freundin, die eine unfassbare Stimme hat. Sie heißt Nyasha, und ich möchte, dass Samy sie singen hört. Wir waren schon mal zusammen in einem Studio am Hauptbahnhof, aber damals hat das mit dem Aufnehmen noch nicht so geklappt. Jetzt sind wir auf dem Weg nach Braakel, Einladung von Samy. In Braakel ist das alte Motörhead-Studio. Samy hat daraus die KunstWerkStadt gemacht. Nyasha nimmt ihren ersten Song auf. Wir verbringen den Abend zusammen, und wir tauschen Nummern. Ein paar Wochen später bin ich wieder da. Ich bringe eine Flasche Jacky mit. Wir verstehen uns, als wir unsere Erfahrungen teilen. Die Erfahrungen der Straße teile ich nicht mit ihm.

Sommer 2011: Mit Samy Backstage auf dem Splash Festival. Samy spielt die Headliner-Show. Ich stehe auf einer Bühne vor 20.000 Menschen und genieße die Show. Danach feiern wir im Tourbus mit Marteria bis in die Nacht. Am nächsten Tag fahre ich mit dem Zug zurück nach Hamburg und weiß nicht, wohin. Gestern, Backstage, noch ein voller Kühlschrank, überall Kübel mit Flaschen auf Eis, Gourmetcatering aus dem VIP-Bereich.

Ich war noch nicht einmal 20 Jahre alt, als ich ihn kennengelernt habe. Wir haben abgehangen und für mich persönlich war er nie der Rapstar, sondern einfach ein Freund.

Trinken und Rauchen gehörte dazu. Das war so. Ich wollte dazugehören und brachte bei jedem Besuch eine Flasche Whisky mit. Ich konnte mir die nicht einmal leisten, aber was tut man nicht alles, um von anderen wahrgenommen zu werden. Ich habe versucht mitzuhalten.

Diesen Fehler habe ich in meinem Leben schon oft gemacht, mich verstellt, um anderen zu gefallen.

Es hat im Grunde völlig gereicht, wie ich war. Samy wollte mit mir befreundet sein, weil er mich korrekt fand wie ich bin. Ich hätte gar nichts anderes tun müssen als ich selbst zu sein.

Das Problem war, ich konnte nicht so viel vertragen wie die anderen und war irgendwann nur noch fertig.

Sein neues Album ist fertig aufgenommen. Er spielt es mir vor. Wir sitzen in der Küche, trinken Whisky-Cola und rauchen Joints. Ich höre den besten deutschen Rapper, der mir in seiner Küche sein neues Album vorspielt.

An dem Abend bin ich fast abgestürzt.

Erst wurde das Flackern der Kerze zu Strobo-Lichtern. Plötzlich hat sich alles gedreht. Ich habe versucht, entspannt zu wirken, damit es niemandem auffällt. Mit letzter Kraft habe ich mich auf das Klo gerettet. Ich wollte mich einfach nur hinlegen. Ich dachte, ich gehe rüber und sage, dass ich mich ins Gästezimmer legen muss.

Das wäre dann wohl aber auch mein letzter Besuch gewesen. Wer hat schon Bock auf einen Jungen, der Abstürze schiebt. Ich klatschte mir das Wasser ins Gesicht und gab mir eine Schelle um klarzukommen. Ich weiß nicht, wie lange ich in diesem Bad war, aber als ich wieder rausgegangen bin, ging es mir wieder besser.

Das war aber nicht das letzte Mal, dass ich über den Durst getrunken habe. Das ist irgendwann auch anderen aufgefallen. „Du hast den Backstage-Raum leergetrunken", hat Samy mir einmal erzählt, als wir uns Jahre später wiedergesehen haben.

Die meisten haben aus Spaß getrunken und wenn die Show losging waren alle einhundert Prozent am Start. Alle haben sich immer professionell verhalten. Ich habe es übertrieben und das hat dazu geführt, dass sich unsere Wege getrennt haben.

Daraus habe ich viel gelernt. Ich hatte schon oft Umfelder, in denen alles cool war, wenn man zusammen getrunken, geraucht oder gefeiert hat. Es ging immer nur darum, wer den Nächsten baut. Aus viel mehr bestanden diese Freundschaften nicht. Das sind keine echten Freunde, wenn man nur zusammen sein kann, wenn man sich irgendwie betäubt. Als ich dann wirklich in der Scheiße saß, war keiner von denen mehr da. Es ist wichtig, sich mit guten Menschen zu umgeben.

In der Grundschule freundete ich mich mit Julian an. Wir fanden heraus, dass er Verwandte in Neu-Ulm hat, in meiner alten Heimat. In den Ferien fuhren wir gemeinsam nach Bayern. Julian ist der einzige Freund, der meine Oma getroffen hat.

Ich hatte Julian schon lange nicht gesehen. Hier und da schrieben wir uns. Seine Mutter Biggi traf ich dafür öfter. Wir sahen uns im Park Fiction unter den Palmen aus Stahl.

2011 schrieb mir Julian eine Nachricht.

Hey Dominik,

Gehts gut? Was machst du so im Moment? Ich bin ja jetzt in Göttingen studieren. Läuft eigentlich ganz gut. Hab letztes WE auf dem Familientreffen mit meinem Cousin (der Herr Bonez) gesprochen und ihm deine Nummer gegeben. Er ruft dich demnächst mal an … Ich hoffe, das passt …

Liebe Grüße, Julian

So lernte ich Bonez kennen. Er hatte eine Vision, und ich verstand ihn sofort.

Das erste Mal habe ich Bonez in Bahrenfeld getroffen. Er hat mir einen Text vorgerappt, es ging um Umweltverschmutzung und den Klimawandel.

Für mich war sofort klar, dass er es ganz nach oben schaffen wird. Ich wollte ihm dabei helfen. Das erste Album stand an. Wir saßen zu fünft in einem Renault Clio auf dem Weg zu Bonez' Eltern. In ihrem Wohnzimmer hörten wir seine Songs auf der Anlage.

Gzuz war noch im Knast. Wir planten die Free Gzuz Tour zum Album und fuhren quer durch das Land. Schon 2012 gab es eine Basis von Menschen, die 187 auf dem Schirm hatten.

Es lief richtig gut. Kontra K hat uns einige Städte lang begleitet. Alle haben gemerkt, dass das größer werden kann.

Es hat noch etwas gedauert, bis es so richtig durch die Decke gegangen ist.

Es war bei dem Konzert in Berlin. In die Columbiahalle sind über 1000 Leute gekommen. Die Abendkasse ist geplatzt, so viel Geld kam über die Eintrittskarten rein.

Wir waren alles Jungs von der Straße. Keiner von uns hatte Geld oder hat ein gutbürgerliches Leben geführt. In dem Moment habe ich eine sehr falsche Entscheidung getroffen.

Ich habe die Abendkasse eingesteckt. Ich habe mich für schnelles Geld entschieden. Das hat kurzfristig geholfen. Ich habe mir ein paar Tage ein schönes Leben gemacht. Schnelles Geld kommt und geht wieder schnell. Daran ist nichts Langfristiges oder Nachhaltiges.

Ich habe mich dagegen entschieden, den längeren Weg zu gehen, geduldig zu bleiben, weiterzuarbeiten und es mit Hip-Hop und den Jungs nach oben zu schaffen.

Ich habe die Gang verraten. Ich habe eine Chance für ein paar tausend Euro verkauft. Ich habe mich lange nicht mehr gemeldet danach und während es für die Jungs von da an nur noch bergauf ging, ging es für mich wieder nach unten.

Flaschen

Heute Flaschen sammeln, um etwas zu essen zu kaufen. Da sind sie wieder, die Kontraste. Im Winter sind es weniger Flaschen, dann liegen vor allem die Becher, in denen vorher warmer Kaffee oder Tee war, in den Mülleimern. Es gibt wenig zu holen. Hier und da eine Glasflasche, macht acht Cent. Vielleicht schaffe ich fünf Euro und kann mir ein Abendessen besorgen.

In Mülleimer fassen, das ist demütigend, niemand sollte das

tun müssen. Es sind nicht nur Obdachlose, die in Abfällen auf der Suche nach Pfand oder Verwertbarem sind. Ich sehe Altersarmut. Da sind Menschen, die mit ihrer Rente nicht auskommen und nach Flaschen im Müll suchen. Es sind aber auch Geringverdiener, deren Lohn nicht ausreicht, die Familie über den Monat zu bringen. Wir alle greifen in das schwarze Loch in der Hoffnung auf acht Cent.

Im Winter ist es nicht so eklig wie im Sommer. Es scheint sowieso, als würde der Schnee den ganzen Dreck mit Puderzucker überdecken, und in dem weißen Schimmern sieht alles schon nicht mehr so schlimm aus.

In der heißen Jahreszeit fühlt es sich an, als würde man in einen Sumpf greifen. Fast-Food-Reste und klebrige Softdrinks mischen sich, die Hitze wärmt den Brei auf und verbreitet seinen Gestank. Es ist nicht schön, mit der Hand da reinzugehen, vor allem klebt es an einem. Wie soll ich die Hand schnell wieder sauber kriegen? Darum am besten immer mit Handschuhen, nicht nur im Winter. Außerdem weiß man nie, was man noch so findet. Im Müll kann eben wirklich alles liegen. Eine Glasscherbe zum Beispiel, an der ich mich schneide, oder – meine größte Angst – ich könnte in eine Spritze fassen. Niemand sollte im Müll graben, um Essensreste oder Pfand rauszufischen. Es sollte überall einen Kasten geben, in den man seine Pfandflaschen legen kann, und auch Essen könnte besser verwahrt werden, wie etwa beim Foodsharing. Wir brauchen nichts zu verschwenden, wir können teilen.

Im Sommer ist das Sammeln draußen um einiges ergiebiger. Die Parks sind voller Gruppen. Es gibt viele Flaschen, Geld liegt auf dem Boden. Ich bin trotzdem darauf bedacht, möglichst unauffällig zu sammeln, ich will auch nicht als Flaschensammler erkannt werden, obwohl es eine gute Methode ist, Geld zu verdienen. Es ist mir unangenehm, mit den großen Müllbeuteln durch die Stadt zu fahren. Ich schwitze, weil die Müllbeutel unhandlich zu tragen sind, immer wieder muss ich stehen bleiben und neu ansetzen, nervig und anstrengend. Es ist außerdem gar nicht so einfach, so viele Flaschen zurückzugeben. Vor allem nicht als Penner.

In den Gegenden, wo ich unterwegs bin, haben die Supermärkte inzwischen Sicherheitsleute, die Leute wie mich daran hindern sollen, bei ihnen reinzukommen. Ein Grund: Wir blockieren den Leergutautomaten. Es braucht lange, zwei volle Säcke leer zu machen. Es braucht die Hilfe von einem Mitarbeiter, der die Tonnen zurechtrücken muss, um mehr Platz rauszuholen. Das alles ist ein Aufwand für den Markt, der am Ende auch noch Geld bezahlt.

Der Durchweg bleibt mir versperrt: „Die kannst du hier nicht abgeben", sagt die Security zu mir. „Wenigstens einen", versuche ich zu feilschen. Keine Chance. Ich muss also Bahn fahren in eins der großen Einkaufszentren, bei denen die Leergutannahme außerhalb des Marktes ist, hier lässt man das Ganze durchgehen. In der Bahn versperre ich dann vielen den Weg mit den großen Tüten im Gang. Wo fährt der denn mit zwei blauen Müllbeuteln hin?

Der Real am Berliner Tor ist eine Anlaufstelle. Hier stehen die Sammler am Abend Schlange, um ihren Tageslohn zu kassieren. Es nimmt viel Zeit in Anspruch. In der Schlange ist es unruhig, und immer wieder wird sich lautstark gestritten. Die Mitarbeiter gehen regelmäßig ins Lager, um die Tonnen zu leeren, aber auch mit ihnen wird diskutiert.

„Warum geht diese Flasche nicht, sie ist doch im Sortiment", das ist der Standard-Streitpunkt. Ich konzentriere mich auf die 25-Cent-Flaschen, viele haben Einkaufswagen voller Glasflaschen dabei, es heißt mal wieder warten. Gute Tage können 40 Euro bringen, das ist schon richtig viel Geld. Flaschen sammeln fühlt sich in der Tat an wie geregeltes Arbeiten. Ich gebe den Pfandbon ab. Die Strapazen zahlen sich aus, nebenbei habe ich meine Nachbarschaft sauberer gemacht, das fühlt sich gut an. Ein bisschen bin ich doch damit ein Teil der Nachbarschaft, denke ich.

Wie möchten Sie zahlen? Bar oder mit Karte? Ich zahle mit Pfand. Das ist meine Währung.

Spielhalle

Ich habe viele verschiedene Jobs. Für ein paar Monate arbeite ich als Spielhallenaufsicht. Die Schicht beginnt morgens um 6 Uhr und geht bis 14 Uhr, die Abendschicht von 14 bis 24 Uhr. Die Spielhalle hat zwei Etagen. Glücksspiel ist groß geworden, und immer mehr Läden eröffnen. Ich darf während der Arbeit nicht sitzen. Der Laden ist mit Kameras ausgestattet, die der Chef von überall ansehen kann. Das Telefon klingelt sofort, wenn ich mal etwas langsamer mache. Ich werde auf Schritt und Tritt verfolgt. Ich muss schon um 5 Uhr da sein. Den Tag vorbereiten. Beide Stockwerke saugen und wischen. Die Automaten wischen und auffüllen. Dann geht es los.

Es dauert eigentlich keine fünf Minuten, da kommt schon der erste Spieler. Er hat Arbeitskleidung an. Viel Farbe ist auf seiner Latzhose hängen geblieben. Er kommt jeden Tag. Er wirft morgens sein Geld in die Automaten. Geht arbeiten und kommt danach zurück, um sein Glück erneut zu versuchen.

Ich wechsle den Gästen Geld und bringe ihnen Getränke an den Platz. Die Getränke sind kostenlos. Der Spieler soll möglichst viel Zeit hier drinnen verbringen. Es hängen keine Uhren an der Wand. Die Zeit soll hier keine Rolle spielen. Die Räume sind verdunkelt. Das Wetter ist ausgesperrt. Den ganzen Tag höre ich die Melodien aus den Spielkästen. Sie versetzen einen in Trance und sind ebenfalls Teil der Taktik, jemanden nicht gehen zu lassen. Der Zocker wartet auf das richtige Geräusch, und dann blinken die Lichter auf. Die Chance auf den Jackpot. Das ist der Kick, für den sie alle zocken. Dabei gewinnt der Automat immer. Das weiß jeder.

Ich muss permanent die Automaten pflegen. Sie müssen auf Hochglanz geputzt sein. Ihre bunten Bilder von Pharaonen, Früchten und Nummern sollen den Spieler anstrahlen. Läuft es mal gut für ihn, drückt er den roten Knopf weiter. Es blinkt und schrillt aus dem Automaten, und die Kasse klingelt. Das Geräusch, wenn der Automat eine Flut an Münzen ausspuckt, bringt das Glücksgefühl. Man kann aus zwei Euro zweitausend Euro machen. Früher oder später landet das Geld wieder in den Automaten. Es ist verrückt. Sie tun es immer wieder. Die lachende Sonne kann ganz schnell zur Spielhölle werden.

Ich stehe hinter dem Tresen. Ich bekomme die Münzen in einem Becher gereicht und gebe sie als Scheine wieder raus, oder umgekehrt kommen die Gäste zu mir und machen ihre Scheine zu Münzen. Ich wechsle Hunderter und Fünfhunderter-Scheine, als wären sie Spielgeld.

Auf dem Parkplatz steht ein Auto mit einem Nummernschild von weit weg. Eine Frau kommt mit Hut und Sonnenbrille in die Spielhalle und verbringt den gesamten Vormittag hier. Ich stelle mir vor, wie sie heimlich aus ihrem Ort wegfährt, um hier tagsüber zu spielen. Sie versteckt ihr Gesicht und versucht, unerkannt zu bleiben. Dann fährt sie nachmittags zurück nach Hause in ihr echtes Leben.

Manche Leute zocken an mehreren Automaten gleichzeitig. Laufen gehetzt hin und her und drücken die Knöpfe. Von Book of Ra zu

Dolphins Pearl, dazu noch Sizzling Hot. Knopfdruck, Spiel, Knopfdruck, Spiel. Gewinnt man Freispiele, kann man auf Risiko gehen. Fünf Spielkarten werden aufgedeckt. Es geht um Rot oder Schwarz. Rot drücken. Eine schwarze Karte kommt. Verloren. Weiterspielen. Alle sind auf der Jagd nach Freispielen und dem schnellen Geld.

Für mich ist Spielen normal. Spielo ist ein Treffpunkt schon seit der Schulzeit. Bei uns hat keiner Geld. Für 20 Cent kann ich aber schon mitspielen, und wenn ich nur auf ein paar Euro hochdrücke, ist das vielleicht ein Döner mit Ayran. Dafür haben sich die 20 Cent Einsatz, mit denen ich sonst kaum was anfangen könnte, gelohnt. Es geht um schnelles Geld. Es gibt kaum Möglichkeiten, ehrliches Geld zu verdienen. Keiner gibt dir eine Chance. Dann schmeißt du nur einen Euro in den Automaten, und plötzlich könnten 1000 Euro aus dem Schacht fallen. Theoretisch. Mit leeren Taschen rein in die Spielo, und jeder hofft, in dieser Nacht gibt der Automat ihm den großen Jackpot.

Dieser hässliche und bedrückende Ort ist der Tempel der Zuflucht für viele Jungs, die ich kenne. Den Monatslohn verschwenden im Novoline. Die Münze in den Schlitz. Dann heißt es: alles oder nichts. Wir schmeißen unseren letzten Euro rein an Orten, wo wir unser Geld sowieso schon liegen lassen. Im Dönerladen hab ich schon als Kind wild auf die Knöpfe gedrückt. In der Shisha-Bar oder in der Kneipe. Du wirst überall spielen können. Menschen, die spielsüchtig sind, können dem nicht entkommen. Ich denke daran, wie viel Ähnlichkeit das Ganze besitzt mit den Bankern, die an der Börse spekulieren. Es geht um Geld. Die Gier lässt einen den Einsatz erhöhen und mehr ins Risiko gehen. Das Spiel bleibt immer das gleiche. In meiner Gegend sind die Geldanlagen keine Aktien, sondern Wettscheine aus dem Tipico-Wettbüro. Spielen macht nicht glücklich, sondern süchtig.

Wir verspielen nicht nur unser Geld, sondern unser Leben.

Ich unterschreibe keinen Arbeitsvertrag. Ich bekomme kein Gehalt und gehe nach drei Monaten. Seither habe ich nie mehr am Automaten gespielt.

Rotlicht.
Hamburg-St. Pauli, 2011

Die Rote Laterne auf dem Hans-Albers-Platz. Dort beginnt meine Zeit auf dem Kiez. Ich stehe als Koberer draußen vor dem Laden. Koberer stehen vor den Läden und versuchen, dich reinzuschnacken, in ihren Stripclub, ihren Puff oder ihre Bar. Hauptsache, du lässt dein Geld bei uns. Ich verteile Flyer. Wenn jemand reingeht und den Flyer einlöst, bekommt der Gast zu seinem Getränk noch einen Kurzen aufs Haus und ich 50 Cent Provision.

Die Laterne ist in der Gerhardstraße. Hier reihen sich die Bars aneinander, die Kiez-Klause ist eine der ältesten Kneipen in Hamburg. Der Hans-Albers-Platz, auf der Reeperbahn nachts um halb eins, hier ist der blonde Hans immer noch eine Legende. Auf der schmalen, kopfsteingepflasterten Straße verbringe ich meine Zeit. Drei mal drei Meter vor dem Laden.

Nur zwanzig Meter weiter ist die Herbertstraße. Die Frauen, die hier arbeiten, sitzen in den Fenstern und bieten sich den Freiern an. Anderen Frauen ist der Zutritt zu dieser Straße verboten. Sie stören das Geschäft. Läuft hier doch mal eine andere Frau rein, kommt ein Eimer voll Pisse geflogen.

Ich arbeite von Dienstag bis Sonntag, immer bis früh in den Morgen. Es ist ein eisiger Winter, ich stehe draußen bei bis zu minus 15 Grad. Am meisten habe ich mit den Türstehern zu tun, man verbringt die Nacht zusammen vor der Tür. Das ist Kiez. Wie die Jungs an der Tür sich begrüßen, der Handcheck, das ist das Zeichen, dann gehört man hier dazu.

Ich versinke im Kiez. Der Strudel nimmt mich schnell mit. Die Barmädels schenken die Drinks umsonst aus, und mit den Jungs vor der Tür fängt es an, Spaß zu machen. Wir gehen nach Feierabend morgens in den Frühclub und machen noch bis mittags weiter. So ist das auf dem Kiez. Er lässt dich nicht so einfach los.

Ich mache meinen Job richtig gut. Ich arbeite auf Provision, wenn ich volles Geld haben will, muss ich meine Flyer loswerden. Ich bin pünktlich bei der Arbeit, schnacke jeden an und halte sonst im Laden die Augen offen, wenn es etwas zu tun gab wie Flaschen einsammeln. Mir macht der Job Spaß, und ich gehöre dazu.

Zum Schlafen gehe ich manchmal in das Seemannshotel auf dem Hans-Albers-Platz, bis heute steht auf einem Schild der D-Mark-Preis. Ich kann den Preis verhandeln und habe für zehn oder zwanzig Euro ein Zimmer bis zum nächsten Morgen. Ich habe um vier Uhr Schluss, wenn nichts mehr auf der Straße los ist. Dann werden meine Flyer gezählt und ich ausgezahlt. An schlechten Tagen mache ich 20 Euro, am Wochenende 50 Euro, manchmal auch 70. Es reicht zum Leben.

Sieben Stunden bei Minusgraden auf dem Kopfsteinpflaster stehen. An den Wochentagen, wenn wenig los ist und nur die Touristen oder Männer, die mal gucken wollten, vorbeilaufen, muss ich mir etwas einfallen lassen.

Neben mir sind die Frauen jeden Tag draußen. Sie fangen schon um 19 Uhr an und stehen an der Kurve. Ihre Schicht geht auch bis um vier Uhr, sie versuchen ebenfalls, den Männern das Geld aus der Tasche zu ziehen.

Ich beschließe, mehr Gäste zu gewinnen, indem ich ein paar Kiezgeheimnisse an sie weitergebe, bevor sie in die Herbertstraße abbiegen. Wenn ich sie überzeuge, sollen sie stattdessen bei mir einen trinken, so ist der Deal. Ich erzähle von den Verhandlungen. Dass es mit 50 Euro anfängt. Oben auf dem Zimmer wird neu verhandelt, noch einmal was drauf. Dann wird es schmutzig. Sie zieht dich aus, und du liegst schon nackt da, sie ist gut zu dir, und du bekommst wirklich Lust. Sie wird dir sagen, dass du noch einmal zahlen musst. Viele geben die EC-Karte mit und unterschreiben eine Einverständniserklärung. Dann wird die Karte plattgemacht.

Viele Freier nehmen vorher etwas oder sind so notgeil, dass sie einfach nicht mehr denken können. Eigentlich gönne ich jedem von ihnen, dass er ausgenommen wird, aber ich brauche Einnahmen.

Die Frauen sehen genau, ob du einen Ring trägst, dann wollen sie dich haben. Verheiratete Freier gehen nicht so schnell zur Polizei. Die Frau zu Hause könnte ja was mitkriegen. Ich erzähle vom Fallenstellen. Dass Frauen sich die Brüste groß machen, damit man nach oben guckt und nicht sieht, dass unten gar nichts passiert. Sie hält ihn einfach zwischen Bauch und Hand. Die Mädels haben Tricks drauf – und das ist auch richtig so.

Der Laden war plötzlich auch unter der Woche gut voll.

Ein paar Wochen vergehen. Es ist ein normaler Abend, arschkalt und leer. Da kommt einer der Jungs um die Ecke und stellt sich ans Frieda B, den Laden genau gegenüber der Laterne. Ich habe die Jungs, so nennt man die jungen Luden auf dem Hans-Albers-Platz, selten draußen gesehen. Sie sind oben in den Wohnungen und gucken aus den Fenstern auf die Straßen. Nach ein paar Minuten kommen noch zwei weitere Jungs dazu. Die Gerhardstraße ist schmal, und es gibt keinen Grund für die Jungs, vor einer geschlossenen Tür zu stehen. Dann kommt ein älterer Mann, dessen Namen ich genau kenne, weil er zu einem der Chefs hier gehört. Er läuft jede Nacht bei seinen Runden an mir vorbei.

Nachdem er alle begrüßt hat, kommt er alleine auf mich zu. „Bist du der Flyerjunge?"

Ich gucke die leere Straße auf und ab und wünschte, hier würden noch mehr Leute stehen, aber außer uns vieren ist hier niemand.

„Das bin ich wohl", sage ich.

„Ich hab gehört, du erzählst was über die Mädels?"

„Das kann sein."

Eine Verwarnung, eine zweite gibt es nicht. Dann lacht er, und die Jungs schlendern weiter.

Der Mann, über den ich schon so viele Geschichten gehört hatte und dem ich nun zum ersten Mal persönlich begegne, heißt Hans. Er ist Mitte 50 und Zuhälter auf dem Kiez, seit er 15 Jahre alt ist.

Er ist unauffällig, bescheiden. Er hat eine athletische Figur, ist aber nicht breit wie viele der Muskelberge auf dem Kiez. Er hat ein paar Tattoos, aber alles dezent. Er trägt Klamotten, auf denen das Label kaum zu sehen ist. Er hält es schlicht.

Jede Nacht läuft er mit seinem Jutebeutel durch die Läden und sammelt sein Geld ein. Niemand würde darauf kommen, dass gerade einer der Chefs vom Kiez an ihm vorbeiläuft. Echte Gangster sind leise. Sie prahlen nicht mit dem Geld, das sie verdienen, oder den Läden, die sie besitzen. Sie machen ihre Geschäfte im Hintergrund.

Hans gehören in der Gerhardstraße die Kiez-Klause und das Gerhards. Er ist Teilhaber im Brass und hat die 22, das blaue Haus in der Herbertstraße.

Außerdem gibt es noch Läden in der Friedrichsstraße um die

Ecke. Die Mädels an der Kurve, die mich auch bei Hans verpfiffen haben, arbeiten in der 4. Dort sind ihre Zimmer. Es sind zwölf Zimmer. Sie mieten die Zimmer für 110 Euro die Nacht. Außerdem bezahlen sie noch Geld für den Wirtschafter. Auch die 4 gehört Hans. Unter der 4 im Keller liegt die Grotte. Früher ein Pornoschuppen, heute ist es eine Rockbar. Dann gibt es noch das Friedrichs, wo ich die meiste Zeit gearbeitet habe.

Hans läuft mir jede Nacht über den Weg. Nun weiß er, wer ich bin, auch wenn unser Kennenlernen gerne anders hätte laufen können. Er grüßt trotzdem freundlich. Ihm gefällt, was er sieht. Ich bin jede Nacht vor der Tür, egal bei welchem Wetter. Ich fange pünktlich an und mache spät Schluss. Der Laden ist oft voll.

Er fragt, ob ich genug verdiene. Ich sage ihm, was ich bekomme, und er lacht laut los. „Wenn du mehr verdienen willst, komm zu mir." Kurze Zeit später arbeite ich für Hans. Ich bin jetzt im Rotlichtmilieu.

Ich verändere mich. Ich denke, ich wäre jemand. Der Kiez zieht mich völlig in seinen Bann. Ich bin geblendet. Die bunten Lichter, der Alkohol. Die Party-Wochenenden. Dabei verdiene ich gutes Geld. Ich kann in Hotels übernachten oder mir für einen Monat auf dem Kiez was zur Zwischenmiete nehmen. Ich habe meine Ecke, meine Jungs. Dieser Block ist meiner. In jedem Laden kann ich umsonst trinken oder essen. Ich kann Stress machen, mit wem ich will. Ich weiß, es würde keine drei Sekunden dauern, dann wäre schon jemand von meinen Leuten mit drauf. Ich habe mich schon oft geschlagen, entweder habe ich mich gewehrt oder jemanden anderes verteidigt. Im Suff gebe ich zum ersten Mal grundlos jemandem eine Faust. Ich bekomme danach einen ausgegeben, und ich fühle mich stark. Trotzdem, tief in mir wehrt sich etwas dagegen. Die Jungs fahren tiefergelegte Schlitten mit Chromfelgen. Sie tragen die teuersten Klamotten, die Luxusuhren kann man immer sehen. Sie ziehen dicke Bündel aus ihren Taschen. Das ist alles, was ich immer wollte. Nur weiß ich nicht, ob ich das wirklich sein will.

Ich trinke. Sehr viel. Das vernebelt mir die Sinne, stumpft mich ab. Bis in den nächsten Vormittag, manchmal sogar bis zum Abend saufe ich durch. Ich stehe in ranzigen Kneipen auf dem Hamburger Berg. Ich stehe auf dem Gehweg, und die Sonne scheint. Ich bin verschwitzt und stinke. Genauso wie auf der Straße, nur bin ich dieses Mal einfach durchzecht. Da frage ich mich zum ersten Mal, ob es das ist, was ich wirklich will. Ich kann nicht einmal gerade stehen, geschweige denn klar sehen.

Ich bin jede Nacht breit, kippe eine 0,7-Flasche Jim Beam mit Cola. Der süße Geschmack auf den Lippen und die klebrige Zunge. Eine süße Versuchung. Ich kann ihr nicht widerstehen. Ich mag es auch erst, wenn es anfängt, mir schlechter zu gehen. Wenn ich schon schiele und mit Mühe das Glas greifen muss, dann schütte ich nach, mit zur Seite gesenktem Kopf. Letzter Schluck in den Hals. Kopf im Nacken. Alles dreht sich. Dann gehen die Lichter aus. Vielleicht ist das der Moment, für den ich das tue. Das Leben steht still, und da ist einfach nichts.

Bis ich wieder aufwache mit schrecklichen Kopfschmerzen in meiner eigenen Kotze. Von einem Rausch in den nächsten. Ich nehme zu, wiege 115 Kilo. Mein Gesicht ist aufgedunsen. Ich ertränke alles in der Flasche. Ich stürze von einem Rausch in den nächsten. Mein Leben ist eine lange Party.

In der Nacht kann der Kiez seinen Schein wahren. Wird es Tag, zeigt er sein dreckiges Gesicht. Der Müll stapelt sich hoch bis auf den Bürgersteig. In den Seitenstraßen sind die Hauseingänge belegt mit Junkies. Manche liegen auch einfach auf dem Gehweg.

Der Kiez. Die Gossen für das Gesocks. Die Obdachlosen haben ihre Quartiere die ganze Reeperbahn entlang. Blasse Schnapsleichen torkeln dir über den Weg, pissen gegen die Hausfassade oder kotzen einfach auf den Boden. Ich sehe Blut am weißen Geländer. Kiez. Die waffenfreie Zone.

Ich bin in der Bar. Einer der Jungs lässt eine Runde springen. Es wird ständig für die anderen ausgegeben. Er holt die Tresenfrau zu sich, ich stehe nah dran und höre ihr Gespräch.

Er fragt: „Kannst du das auf den Deckel schreiben?"

Sie: „Dein Deckel ist voll. Du musst erst mal bezahlen."

Wie kann das sein? Der Typ mit dem dicken Wagen, der Frau, den lila Scheinen in der Tasche. Er kann seine Drinks nicht bezahlen.

Da hat es bei mir Klick gemacht. Der Kiez ist mehr Schein als Sein.

Auf einmal fällt mir auf, was ich lange verdrängt hatte. Manche Jungs haben ein beschissenes Frauenbild, sehen in Frauen Objekte. Gewalt wird verherrlicht, und wenn auf etwas Wert gelegt wird, dann auf die falschen Dinge.

Ich war Anfang zwanzig, und es begann mit Flyern.

Es fällt mir immer deutlicher auf, und mir wird bewusst, dass ich gefangen bin in einer Welt, die absolut nichts mit mir zu tun hat. Ich will nicht weitermachen. Ich muss hier raus. Zurück zu mir selbst.

Bis dahin wird es noch ein weiter Weg. Dass ich nicht länger für ihn arbeiten will, enttäuscht Hans. Er hat in mir etwas gesehen, eine Art Ziehsohn, wenn ich bliebe, würde er bestimmt etwas aus mir machen. Es wäre nicht das, was ich sein möchte. Ist man einmal drin, kommt man kaum noch raus. Aussteigen ist dort wie Verrat.

Der abtrünnige Sohn. Hans erteilt mir Kiezverbot, in beiden Straßen sollte ich mich besser nicht mehr blicken lassen. Der Job weg, damit das Geld, die Hotels und Zwischenmiete. Alles, was ich in den letzten Jahren kannte, ist jetzt verbotenes Land. Ich werde aus meinem Kiez rausgeworfen.

STRASSE.
UNTER
PALMEN
AUS
STAHL

Bürokratie

ieder Straße. Zum wievielten Mal? Ich weiß es nicht, ich habe nicht gezählt. Immer wieder, für ein paar Tage, ein paar Wochen, ein paar Monate. Jetzt ist es anders. Ich gehe nicht mehr zur Schule, ich bin erwachsen. Schon als Jugendlicher war es nicht einfach, Hilfe zu bekommen, jetzt wird es richtig schwer. Jetzt mache ich richtig Platte.

Es geht so viel verloren auf der Straße. Auch wichtige Papiere. Auf der Straße und ohne Ausweis ist man ein Anonymer, ein Niemand. Ich war oft niemand.

Die Bürokratie ist ein Labyrinth. Einen Termin im Orts- oder Bezirksamt zu bekommen – zuständig ist der Bezirk, in dem der letzte Wohnsitz gemeldet war –, ist nicht so einfach. Ich gehe also zum Amt, um einen Termin zu machen. Oft muss man wochenlang warten. Auch wenn man einen Termin hat, zieht man eine Wartenummer, und es kann dauern, bis die eigene Nummer aufgerufen wird.

Ich sitze vor der Sachbearbeiterin im Amt. Bin unsichtbar, zumindest sieht sie mich nicht an. Als wäre ich nicht da. Sie guckt auf den PC. „Sie verlieren öfter Ihren Ausweis, ja?"

„Ja."

„Was ist Ihre aktuelle Meldeadresse? Sie sind von Amts wegen abgemeldet."

„Ich habe keine Wohnung."

„Sie können sich doch auch die Post in eine der Beratungs-
stellen schicken lassen."

Ja, das ist möglich. Es gibt circa 160 Briefkästen in verschie-
denen Einrichtungen für Obdachlose, dahin kann man sich die
Post schicken lassen. In Hamburg leben 2000 Menschen auf der
Straße.

„Ich warte auf einen Briefkasten, ich hoffe, es ist bald einer
frei."

„Dann kriegen Sie ein OFW. Ohne festen Wohnsitz."

Ich kann keine Post bekommen, E-Mails empfangen ist auf der
Straße fast unmöglich. Einige Arbeiten kann ich im Internetcafé
erledigen, eine Viertelstunde für 50 Cent. Die Tastatur ist klebrig.
Hinter den Trennwänden kann man leicht abtauchen. Viele legen
den Kopf auf die Tischplatte, um ein wenig zu schlafen in dieser
Wabe. Ein Internetcafé ist kein schöner Ort. Meine Smartphones
gehen wegen der äußeren Umstände kaputt, versehentlich lasse
ich mein Telefon fallen oder auch gerne irgendwo liegen. Ich muss
immer organisiert sein, gleichzeitig ist alles verstreut. Es ist schwer,
die Kontrolle über das Chaos zu behalten.

Mit einem Schufaeintrag bekomme ich keinen Handyvertrag.
Ich benutze Prepaidkarten, und das Geld zum Aufladen fehlt häufig. Auf der Straße fehlt auch Strom, es wird schwer mit dem Laden
des Akkus. In vielen Läden kann man nicht an die Steckdose, und
wenn doch, wird man irgendwann gebeten, das Gerät rauszu-
nehmen. Mal kurz aufladen kriegt man hin, kurze Zeit später ist
der Akku wieder leer. Aus Telefonzellen rufe ich bei Gläubigern
oder wichtigen Terminen an, schmeiße jede Minute einen Euro
nach und hänge in der Warteschleife. Die Menschen gucken,
sie haben lange niemanden eine Telefonzelle benutzen sehen,

zumindest schauen sie so. Ich versuche, mich vor den Blicken zu schützen. Kein Strom, nicht erreichbar. Abgekapselt von der Außenwelt. Gleichzeitig permanent meiner Außenwelt ausgesetzt. Ich überlebe in ihr.

Ich sitze vor einem Sachbearbeiter und muss meine Aktenzeichennummer vorlesen, damit er mit mir ein Gespräch beginnt.

Beim Amt gibt es kein Geld zu holen. Die Bürokratie mit ihren Unterlagen. Reichen Sie bitte innerhalb von zwei Wochen folgende Unterlagen ein: Mietvertrag, Ihre Meldebestätigung sowie Kontoauszüge der letzten drei Monate. Keine Wohnung, keine Meldeadresse und kein Konto ist gleich: kein genehmigter Antrag auf Grundsicherung zum Lebensunterhalt.

Obdachlos in der Stadt nach einer Wohnung suchen; Studenten und Geringverdiener konkurrieren um den knappen bezahlbaren Wohnraum in der Stadt. Die Mieten explodieren. 680 Euro für ein 20-Quadratmeter-Zimmer. Ich stehe mit 30 anderen Bewerbern in einem Raum, den alle haben wollen. Am Ende werden die Selbstauskünfte ausgeteilt. Ich kann kein Feld ehrlich ausfüllen.

Ohne Job keine Wohnung. Also arbeiten, aber der Arbeitgeber braucht meine Steuernummer. Die bekomme ich beim Amt, aber nur mit gültigem Ausweis. Der vorläufige Ausweis gilt drei Monate, dann muss ich wieder einen neuen beantragen. Das kostet 10 Euro. Das kann ich zusammensparen in der Zeit, der Original-Ausweis kostet 50 Euro Bearbeitungsgebühr, dazu die Passbilder, die immer besonders wehtun. Sechs Euro weg. Mein Abendessen.

Da ist kein Geld für einen neuen Vorläufigen, ich habe noch ein Konto, bekomme aber nur noch am Schalter Geld. Dazu muss ich einen gültigen Personalausweis vorlegen. Den kann ich mir nur holen, wenn ich Geld von der Bank bekomme, die mir keins gibt, weil sie keinen Ausweis vorliegen hat. Bis ich die Bürokratiehürde übersprungen habe, ist der Job schon weit davongeeilt.

Komme ich bis zum Vorstellungsgespräch und geht es danach weiter, dann nur mit Hindernissen.

Es ist ein Kreislauf. Keine Wohnung, kein Job. Kein Job, keine Wohnung. Irgendwann kein Konto mehr bei der Bank. Ohne postalische Erreichbarkeit und festen Wohnsitz falle ich durch das Raster, raus aus dem System. Die ignorierte Zahl in der Statistik.

Überleben

Kein Dach über dem Kopf. Was tut man in so einer Situation? Es steht ja keiner plötzlich vor einem und sagt: „Okay, willkommen auf der Straße, hier findest du trockene Plätze, dort kannst du dich waschen, und am besten pennst du nachts in folgender Schlafposition." Immerhin, ich stehe nicht ganz ahnungslos da, ich habe zu überleben gelernt in den letzten Jahren. Zwei Jahre auf der Straße. Ungewissheit. Nicht wissen, wohin, ständig in Bewegung sein, kaum ein Augenblick der Ruhe. Die Konstanten sind Hunger, Kälte und Gewalt.

Es bleibt immer die Frage: Wohin als Nächstes? Überlegungen verlaufen ins Leere wie die Wege, die ich gehe. Der Regen läuft mir über das Gesicht. Er kommt von oben auf mich herab, selbst der Regen kennt seine Richtung. Ich laufe über nasse Straßen, in denen sich die Lichter spiegeln. Ich kann sie sehen, die zwei Welten. Ich erzähle dir von meiner.

Da ist kein Ziel. Ich gehe ins Nichts, durch Regen, Schnee und Wind. Ich jogge zwischendurch, um kurz wärmer zu werden, dann bleibe ich stehen. Schaue vom Gehweg aus durch die kahlen Äste in die Fenster der Wohnungen hinein. Licht. Warmes Licht. Ich sehe alles, was mit dem Licht erkennbar wird, ein Zuhause. Ich kann hineingucken, aber für mich ist drinnen unerreichbar weit entfernt. Ich bin müde, aber kann nicht schlafen, immer in Bewegung bleiben.

Von der Reeperbahn nach St. Pauli. Quer über das Heiligengeistfeld. Am Millerntor-Stadion vorbei. Ich orientiere mich am Fernsehturm, mein Kompass der Stadt. Es geht weiter, ich komme am Dammtor vorbei und schaue über die Alster, vielleicht kann ich für ein paar Stunden in eine der Barkassen steigen, die am Jungfernstieg liegen. Spätestens kurz bevor die Bahnen wieder fahren, steht aber die Hochbahnwache vor mir. Vom Jungfernstieg ist es nicht mehr weit bis zum Hauptbahnhof. Der zentrale Punkt. Von hier aus überlege ich mir meine nächste Anlaufstelle.

Der Hunger treibt mich durch die Straßen, ich fliehe vor der Kälte. Kurz anhalten, dann weiter. Lange halte ich mich nicht an einem Ort auf. Irgendetwas ist immer. Ich laufe, doch komme nirgends an. Der Stress ist ein ständiger Wegbegleiter. Er hält das eigene Hamsterrad am Laufen. Es folgt die Rastlosigkeit. In der Ruhe liegt die Kraft. Wie soll ein Mensch, der sich nicht ausruhen kann, zu Kräften kommen? Wie soll man es hier rausschaffen? Das sind die Gedanken, die ich habe, während ich durch die Straßen laufe und mit meinem Leben hadere. Ich schreibe viele meiner Gedanken auf, es hilft mir, das, was ich erlebe, besser zu verarbeiten. Schreiben ist meine eigene Therapie. Es ist nur irgendwann so kalt, dass ich meine Schrift nicht mehr lesen kann. Meine Hände zittern so sehr, dass alles nur noch ein Gekritzel ist. Die Wörter helfen mir dennoch weiter durch die Nacht zu kommen. Es ist nichts los und ich laufe alleine durch die Gegend. Ich fange an zu freestylen und laut zu rappen.

Ich bin nachts noch da draußen. Rastlos am Laufen. Fast ohne Pausen. An was soll ich glauben?

Tasche

Als meine Mutter mich vor die Tür setzte, rollte ich mit zwei Koffern hinaus in den Schneesturm. Es ist unmöglich, mit zwei Koffern mobil zu bleiben. Dabei bin ich den ganzen Tag quer durch die Stadt unterwegs. Bei dem ständigen Hin und Her bleibt vieles liegen, mit der Zeit geht das meiste verloren. Von den meisten Dingen bleiben nur die Bilder im Kopf.

Alles, was ich habe, trage ich seit Jahren in meiner schwarzen Nike-Tasche. Ich habe schnell gelernt, dass man mit dem Nötigsten auskommen muss. Das ist Voraussetzung zum Überleben.

In meiner Tasche finden die wichtigsten Sachen Platz. Im Hauptfach liegen Klamotten und Bücher. Ein Kulturbeutel mit Hygiene. Stift und Papier dürfen nie fehlen und müssen immer griffbereit liegen. Darum kommen sie ganz oben auf die Klamotten drauf, eingewickelt in einen Pullover, zum Schutz vor Nässe. In die linke Seitentasche kommen wichtige Unterlagen und Papiere, auf die andere Seite Getränke und Lebensmittel. In dem kleinen Nebenfach bewahre ich meine persönlichen Gegenstände auf, wie Fotos und ein Armband. Ein ganzes Leben, verstaut in einer Sporttasche.

Auf Platte muss man immer auf seine Sachen achten. Diebstahl gehört zum Draußen-Alltag. Auf der Straße gibt es keine Möglichkeit, etwas abzustellen. Selbst wenn ich mich ausruhe, lege ich den Taschengurt um mich, damit mir niemand etwas entreißen kann. Meistens lege ich mich mit dem Kopf auf die Tasche, dann habe ich zusätzlich noch eine Art Kopfkissen. Selbst heute in meiner Wohnung bewahre ich das meiste in Taschen auf. Die Straße bleibt in meinem Kopf.

Kälte

Es ist entscheidend, sich gegen die Kälte zu schützen. Ein Schlafsack rettet auf der Straße das Leben. Die wahrscheinlich beste Schlafposition bei extremer Kälte ist die Mumienposition. Die Arme eng am Körper liegend, sodass die Nieren gut geschützt sind. Die Hände übereinander auf den Bauch gelegt, um sie zu wärmen, die Decke bis zum Kinn, damit kein bisschen Kälte eindringen kann. Der Unterschied ist deutlich spürbar, denn der Körper ist warm und das Gesicht eiskalt.

An manchen Stellen meines Körpers bin ich warm, ich konzentriere mich darauf statt auf meine zittrigen Knie. Die Zähne klappern, ich beiße so fest zu, dass mein Unterkiefer knirscht. Meine Füße sind zwei Eisklötze, es tut weh, wenn ich meine Zehen bewege, alles ist steif. Meine Hände sind Eiszapfen. Ich muss die Finger in den Mund stecken, weil ich das Gefühl habe, sie fallen mir gleich ab.

Ich friere bis in die Knochen, ich bin nass bis auf die Haut. Mein Bauch strahlt Wärme aus, darauf konzentriere ich mich. Der Regen peitscht mir ins Gesicht. Es tropft von der Kapuze und rinnt mein Gesicht hinab. Ich bin ein Straßenjunge in einer regnerischen

Nacht in der Großstadt. Die roten Rücklichter der Autos spiegeln sich in den Pfützen. Es spritzt von der Straße auf den Gehweg, ich stehe im Wasser. Die Klamotten kleben an mir, der Wind fegt durch und findet die kleinste Lücke. Der Wind, der Endgegner, gibt mir den Rest. Auf der Straße bin ich dauerkrank.

Die nassen Klamotten lassen sich nicht so schnell ausziehen. Ich habe vielleicht drei Wechselsachen dabei, die sind schnell verbraucht. Ich kann meine Klamotten irgendwann nicht mehr ausziehen, die anderen nirgends trocknen, wenn mal wieder Schietwetter in Hamburg ist.

In der Nacht muss ich klarkommen und meine Sachen möglichst nah bei mir haben. Ich kann auch nicht ohne Klamotten in den Schlafsack steigen, ich muss jederzeit auf alles vorbereitet sein, ich behalte sogar meine Schuhe an. Ist es nass, ziehe ich mir Plastiktüten über die Schuhe, um meinen Schlafsack von innen nicht schmutzig zu machen. Morgens nach dem Aufwachen ziehe ich sie kurz aus und lüfte sie. Ein Mensch verbringt die meiste Zeit seines Lebens in seinem Bett oder in seinen Schuhen.

Bundeswehrschlafsäcke sind die besten. Da lässt es sich sogar in Shorts bei minus 20 Grad warm schlafen. Es sollten mehr davon verteilt werden. Beim Aufwachen ist der Schlafsack manchmal steif gefroren. Raureif liegt obendrauf, so wie auf der Bank und dem Gras drum herum. Es erfrieren Menschen im Winter; sie sterben, weil sie draußen schlafen müssen. Bei Kälte bevorzugt man jeden wärmeren Ort. Not macht wieder einmal erfinderisch. Ich fahre sehr oft mit dem Nachtbus. Hin und her, von einem Ende der Stadt zum anderen und von einer Endstation zur nächsten. Am Fensterplatz, lose Zettel auf den Knien, schaue ich hinaus auf meine Stadt. Sie zieht schnell an mir vorbei, und ich schreibe auf, was ich beobachte.

Manchmal sitze ich nächtelang im McD am Hauptbahnhof. Früher schliefen Obdachlose auf den langen Holzbänken der Bahnhöfe, doch heute sind die Bänke aus Metall und haben Armtrenner. Es ist unmöglich, auf so einer Bank zu schlafen, aber für eine kurze Pause ist sie immer gut. Meistens warte ich auf eine Bahn, um wieder von einer Endstation zur nächsten zu fahren. Es ist meine Flucht vor der Kälte und die Sicherheit, für ein paar Stunden nicht zu frieren.

Ein guter Ort, um am Tag der Kälte zu entkommen, sind Waschcenter, denn sie öffnen sehr früh morgens. Die Anonymität gibt einem eine Form von Aufenthaltsgenehmigung. Hier fragt mich keiner, was ich mache, denn meine Tasche habe ich immer dabei. Es sieht aus, als würde ich auf meine Wäsche warten. Hier kann ich den Schein wahren.

Waschen

Mich zu waschen, ist mir das Wichtigste. Das äußere Erscheinungsbild ist das erste Unterscheidungsmerkmal. Ich will nicht auffallen, nicht wie ein Penner aussehen. Ich schnorre mir Geld zusammen, um den Eintritt fürs Schwimmbad zusammenzukriegen. 6 Euro kostet das günstigste Ticket, eine Stunde, dann muss ich wieder draußen sein.

Ich gehe auf die Toilette, um mich an den Waschbecken zu rasieren, mit einer Hand ziehe ich die Klinge, mit der anderen Hand spüle ich das Becken, jederzeit kann die Tür hinter mir aufgehen und jemand hereinkommen. Frisch geduscht und rasiert verlasse ich das Bad, zum Schwimmen ist keine Zeit. Meine Haut riecht nach Limette. Ich fühle mich für einen kurzen Moment sauber und wohl. Dieses Gefühl von Reinheit geht auf der Straße schnell verloren. Ich versuche alles, um nicht so rüberzukommen, aber ich bin dreckig, die Straße lässt nichts anderes zu.

Ich fühle mich oft unwohl in meinem Körper. Morgens, wenn ich aus dem Schlafsack krieche, die feuchten Klamotten werden schnell klamm, und darunter staut sich eine Dunstwolke aus gemischten Gerüchen. Im Winter riechen die Klamotten zuerst nach kalter Luft, doch selbst wenn es nur ein bisschen wärmer wird, kommt der Körper schnell in Wallung, ich fange schnell an zu schwitzen. Das Schwitzen ist mir unangenehm. Ich bin den ganzen Tag unterwegs. Sonne und Regen wechseln sich ab. Draußen bin ich jeder Witterung ausgesetzt, ich kann mich davor nicht schützen, mein Körper bekommt keine Pause. Das Wetter ist schwer auszuhalten.

Ich sitze in einer vollen Bahn, ungeduscht, die gleichen Klamotten wie gestern, vorgestern und vorvorgestern, sie riechen und haben Flecken. Die Scham lässt mich erröten, mir wird heißer. Mit der Hand wische ich immer über die Stirn, streiche den Schweiß durch die Haare und setze die Cap wieder auf. Ich möchte nicht, dass jemand die Schweißperlen auf meiner Stirn sieht. Ich stelle mir die schlimmsten Sachen vor, die mein Gegenüber von mir denkt, niemand will einen stinkenden, versifften, schwitzenden Typen in seiner Nähe haben, warum wäscht der sich nicht? Ich würde ihm antworten: Glaub mir, ich tue alles dafür.

Graue Jogginghose schon seit Tagen. Nicht mal Socken in den Schuhen tragen. Barfuß durch die Gegend latschen. Ich krieg die Krätze.

Ich stehe bei Penny in der Schlange an der Kasse. Die hellen Lichter verunsichern mich. Für 65 Cent besorge ich die günstigste

Zahnbürste und die billigste Zahnpasta. Mein Zahn löst sich auf und fällt stückweise raus, während ich mit meiner Zunge die Löcher abtaste, als würden sie sich dadurch füllen. Ich bin ungeduscht, meine Klamotten sind dreckig, ich stinke. Meine Haut ist trocken und beginnt zu jucken, manche Stellen kratze ich blutig. Das geht einfach, mit viel zu langen Fingernägeln, unter denen dicker schwarzer Dreck lagert. Meine fettigen Locken verstecke ich unter einer speckigen Chicago-Bulls-Cap. Die Straße hinterlässt Spuren. Ich fühle mich unwohl und schäme mich für mein Aussehen.

Die Kapuze auf dem Kopf bringt ein bisschen Schutz. Trotzdem spüre ich die Blicke. Sonst siehst du mich nicht an, jetzt starrst du. Ich kann dich verstehen. Die Münzen sind schon vorgezählt. Ich bezahle schnell und verschwinde in die Dunkelheit.

Hygiene

Die oft nasse Kleidung und das unregelmäßige Duschen und Waschen, der Stress, das bringt meine Neurodermitis so schlimm zurück wie lange nicht. Die nassen Sachen scheuern auf der wunden Haut, es tut weh.

In Kiez- und Hauptbahnhofsnähe spare ich die öffentlichen Toiletten aus. Es kann sich alles an diesen Wänden oder im Waschbecken befinden. Das ist der letzte Ort, den man mit Hygiene verbindet. In den umliegenden Läden wird man nicht auf das WC gelassen, dort versucht man, uns zu vertreiben. Ich versuche immer schnell zu machen. Ich halte den Deuroller mit der einen Hand unter dem Arm, während ich mir mit der anderen Hand die Zähne putze. Oft kommen die übereifrigen Mitarbeiter herein die auch noch Spaß daran haben, ihr Hausrecht auszunutzen, um herumschreien und beleidigen zu dürfen.

Während der Tage und zu ihren Öffnungszeiten sind Bibliotheken geeignete Einrichtungen zu denen man einfachen Zugang hat. Viele Menschen auf der Straße halten sich hier auf. Es ist in der Tat ein Ort, an dem man Pause von der Straße findet. Hier komme ich auch zum Lesen her. Die Menschen die dort arbeiten, wissen, dass sich hier einige aufhalten, weil sie keinen eigenen Platz haben. Es wird geduldet, solange es keine Probleme gibt. Es ist einer der wenigen guten Orte an denen man bleiben darf.

Wenn ich draußen bin muss ich mir etwas anderes einfallen lassen.

Zum Gesicht- und Händewaschen und Ausspülen beim Zähneputzen sind 1-Liter-Plastikflaschen super. Die Flasche hat den Vorteil, dass sie beim Kippen funktioniert wie ein Hahn, ich kann die Flasche schräg aufstellen und mich darunter waschen.

Das Wasser kann ich einteilen. Wasser für die Füße ist ebenso wichtig. Manchmal kommen sie Tage nicht an die Luft, und der Geruch bleibt haften, man braucht viel Wasser für die Füße. Bei Freunden kann ich daher die Schuhe oft nicht ausziehen, der Gestank würde die ganze Wohnung einnehmen.

Neben Körperpflege ist Klamottenwaschen fast genauso wichtig, die schmutzige Kleidung stinkt. Das Geld fürs Waschen geht dann aber doch oft für die Dusche oder Essen weg. Die Hose geht noch mal. Die Straße ist hart, mein Körper ist an den Grenzen seiner Belastungsfähigkeit. Doch es ist die psychische Belastung, die mich kaputt macht.

Körper und Geist gehen Hand in Hand. Das äußerliche Erscheinungsbild schlägt sich auf mein inneres Befinden aus. Ich hatte kein Selbstbewusstsein mehr, keine Selbstsicherheit, kein

Selbstwertgefühl. Ich war immer dreckig und irgendwann habe ich mich selber nur noch für Dreck gehalten.

Wer sich nicht regelmäßig waschen kann, wird irgendwann Probleme mit seiner Gesundheit bekommen. Ich habe keine Krankenversicherung. Ich frage in Praxen nach, doch keiner will mich annehmen. An Tagen, an denen es mir richtig schlecht geht, warte ich bis zu fünf Stunden in der Notaufnahme. Nach einer kurzen Untersuchung werde ich entlassen. Diagnose unwichtig. Für meine Arme bekomme ich Feuchtigkeitscreme und eine Bandage. Ich soll mir Handschuhe anziehen, wenn ich draußen schlafe, würde mich das warm halten, und ich könnte nicht kratzen. Danke für die Behandlung, Doc.

Ich gehe auch zu einigen HNO-Ärzten; das Arztmobil für Obdachlose hat nicht die Instrumente, um mich richtig zu behandeln. Vermutlich habe ich etwas mit meiner Ohrspeicheldrüse, manchmal schwillt mein linkes Ohr bis zur Wange an. Ich lasse meinen Bart lang wuchern, so überdeckt er die tischtennisballgroße Beule. Die Straße macht krank.

Betteln

Es geht so viel verloren auf der Straße. Auch die Würde. Der Dreck ist das eine. Nicht gesehen werden, ist das andere. Wenn wir gesehen werden, dann als Störfaktor. Die Bettler stören besonders. Sie machen die Not sichtbar. Sie erniedrigen sich. Ich gehe betteln. Betteln ist harte, schlecht bezahlte Arbeit. Ich fahre in eine Gegend der Stadt, in der mich keiner kennt. Ich laufe zu einer belebten Einkaufsstraße, dort spähe ich die Umgebung nach einem guten

Platz aus. Ich entscheide mich für eine Bankfiliale. Der schwierigste Teil ist es, aus der Masse herauszutreten und sich hinzusetzen. Eben bin ich noch mit den Menschen gegangen, jetzt sitze ich hier unten, zu euren Füßen. Ich rolle den Schlafsack aus, der Stein ist kalt. Ich habe mir einen Becher besorgt. Meine Mütze nehme ich nicht ab. Ich sehe Beine und Schuhe. Ich denke über Armut nach, und dass wir den Reichtum an den Füßen tragen. Die Menschen laufen in schnellen Schritten vorbei. Der Becher ist immer noch leer. Eine Bank ist ein schwieriger Ort. Die Menschen kommen mit Scheinen heraus, und die kriege ich nicht.

Ich kriege Sprüche an den Kopf geknallt, häufiger als nette Worte oder mal ein freundliches Lachen. „Such dir einen Job, du Penner!", das ist mit Sicherheit der Satz, den ich am meisten anhöre.

Vielen bin ich nicht mal einen Blick wert. Ich wechsele meinen Platz. Ich setze mich vor einen Supermarkteingang, hier ist auch einiges zu beachten. Bin ich zu nah am Eingang, wirke ich aufdringlich. Das mag niemand. Bin ich zu weit weg, verschwinde ich aus dem Blickfeld. Es gilt, den genau richtigen Abstand zu finden. Normalerweise ist der Platz am Supermarkt immer belegt, jetzt ist grade kein anderer Bettler da. Es gibt schnell Ärger, wenn man die Schnorrerplätze anderer besetzt.

Drei kleine Mädchen gehen an mir vorbei. Sie sind die Ersten, die mich länger als drei Sekunden anschauen. Ich lache ihnen zu, und die Kleinste wirft mir eine Münze in den Becher. Als ich mich bedanke, kommt die Größte zurück und wirft noch mehr hinein. Jetzt lachen wir alle. Diese kleinen Mädchen waren die Ersten, die mir Geld geschenkt haben.

Oft halte ich es nicht aus. Ich kann Leid bis an die Schmerzgrenze ertragen. Ich frage schon lange nicht mehr nach Hilfe; wenn jemand von selbst etwas versucht, fällt es mir schwer, das anzunehmen.

Ich will nicht, dass jemand weiß, was bei mir los ist. Denk von mir, was du willst, solange es nicht die Wahrheit ist. Die Wahrheit ist das, was ich nicht ertragen kann. Mein falscher Stolz lässt es mich nicht länger aushalten. Ich mache es mir leichter, ich versuche zu schwindeln. Erst bei den Fahrkartenautomaten an den U-Bahnen.

„Hey, hast du noch 50 Cent? Mir fehlen die noch für ein Ticket. Das wäre mega korrekt."

Es gibt noch eine Methode, die ich häufig benutze. Es ist in der kalten Jahreszeit. Ein blau-weißes Hemd und eine Hose mit einem Riss vom Steiß bis zum Oberschenkel. Der Wind pfeift durch, und oft schaut meine Boxershorts durch. Keine Jacke, nichts anderes zum Anziehen. Von Kleiderkammern habe ich noch nichts gehört.

Ich stehe auf der Straße und spreche vorbeigehende Passanten an. Ich war nur kurz Müll runterbringen, und oben ist die Tür zugefallen. Schlüssel, Handy, Geldbeutel. Alles oben in der Wohnung. Ich brauchte zwei Euro für den Bus, um meinen Ersatzschlüssel holen zu können. Ich ziehe das ein paar Tage durch, ich habe die Szene inzwischen wie ein Schauspieler drauf. Ich spule meinen Text ab.

Der Mann guckt mich nur kurz an. Dann sagt er trocken: „Du sperrst dich aber oft aus, genau dasselbe hast du mir vor ein paar Tagen schon einmal erzählt. Hör auf damit."

Dann geht er weiter. Er ist weder wütend noch sonst etwas. Ich bin ihm völlig egal, eine Witzfigur. Das ist eine Schelle. Ich hatte immer eine Wahl. Ich weiß, was richtig und was falsch ist, und habe mich oft für das Falsche entschieden. Ich weiß, dass ich schuld bin an meiner Situation.

Wie viel ist ein Euro wert?

Jeder, der mich nach Geld fragt, bekommt etwas.

Ich habe Demut vor Menschen, die betteln. Ich möchte das

Wort eigentlich ersetzen. Sie fragen nach Hilfe. Was oft am schwersten fallen kann. Ich bewundere diese Menschen, die den Mut finden, das zu tun. Sie entscheiden sich für diesen Weg, doch sie leiden unter Spott und verächtlichen Blicken.

Ich bin beeindruckt davon, wenn jemand in einer vollen Bahn singt. Oft verstehe ich nicht die Sprache, doch ich höre den Schmerz in seiner Stimme. Er singt um sein Leben.

Viele haben Hunde und lieben ihre Tiere. Sie haben sonst niemanden mehr. Trotzdem hat der Hund tagsüber einen Job. Er soll mithelfen, mehr Geld zu sammeln. Ich verstehe das. Teamwork.

Viele haben Probleme, Osteuropäern Geld zu geben. Bestimmt gibt es eine Bettelmafia. Doch auf der Straße stehen nicht die Bosse. Nicht alles sind Banden. Es können auch einfach Familie und Freunde sein, die zusammen hierherkommen. Sie brauchen die Unterstützung der Gruppe. Sonst würden sie es hier nicht schaffen. Natürlich helfen sie sich gegenseitig. Ich sehe sie morgens beim Real, bevor sie an ihre Ecken gehen. Hat einer kein Geld für einen Kaffee, bekommt er sofort von den anderen Geld dafür.

Ich kann meinen Beitrag leisten, wenn ich einem von ihnen Geld gebe. Vielleicht hat er am Ende des Tages mehr als sonst im Becher und kann sich ein paar Münzen in die eigene Tasche stecken, ohne dass es auffällt, falls er etwas abgeben muss. Dass Frauen mit ihren Kindern betteln, wird nicht gerne gesehen. Die Frau kann ihr Kind nicht einfach in die Kita geben. Und wenn ich mich in die Mutter hineinversetze, würde ich in einem anderen Land unter diesen Lebensumständen mein Kind auch nicht in fremde Arme geben. Natürlich hat sie ihr Kind bei sich, sie bettelt für das Kind. Wenn sie das aber mit Edding auf ein Stück Karton schreiben würde, dann würden viele ihr vermutlich nicht glauben. Sie würde noch weniger Geld bekommen.

Den Trinkern wird auch ungern Geld gegeben, weil es wieder in den Alkohol wandert. Das sind die verlorenen Menschen, die den letzten Halt in der Flasche finden. Sonst gibt es nicht mehr viel. Ein Alkoholsüchtiger kann bei einem kalten Entzug nach ein paar Tagen sterben. Manche Nächte sind so kalt, dass nur die Wärme vom Alkohol etwas Linderung verschafft. Ich weiß, warum die Menschen die Straße nicht mit klarem Kopf erleben möchten. Das macht genauso kaputt.

Der eine Euro, den du diesem Menschen gibst, kann aber auch der sein, für den er Wasser kauft, um nicht zu dehydrieren. Es kann auch der eine Euro sein, mit dem er sich die einzige Mahlzeit des Tages leisten kann.

Ich bin nicht der Richter dieser Menschen.

Gefundenes Fressen

Die Straßen sind schon leer gefegt. Wie eigentlich immer in Hamburg an einem Sonntag kurz vor Mitternacht. Wind pfeift in den Bäumen. Lichter spiegeln sich in den Pfützen. Ich stehe vor einem Dönerladen mit greller, hellgrüner Reklame. Der knurrende Magen treibt mich hinein. Ich frage nach den Resten des Tages und bekomme ein paar trockene Backwaren. Ich gehe die Treppen zur Bahnstation hinunter. Ich sollte das Essen aufsparen. Keine Ahnung, wann es wieder etwas gibt. Ich setze mich auf einen kalten Metallsitz. Sofort reiße ich die Plastiktüte auf. Zwei Schokobrötchen, zwei Croissants. Ich greife zuerst nach dem Schokobrötchen. Sogar die Krümel, die auf die Hose fallen, esse ich auf.

Ich verhungere nicht, aber ich hungere oft. Es ist schlimm, nicht essen zu können, wenn man möchte. Ich esse nur unregelmäßig, eben dann, wenn es etwas gibt. Meistens Suppe, zu den Öffnungszeiten der Ausgabestellen. In den Restaurants von Fast-Food-Ketten nehme ich angebissene Stücke, die auf Tischen liegen gelassen wurden, und esse Reste, die ich von Tabletts wegschnappe. Du bist, was du isst.

Das Loch im Bauch macht dunkle Gedanken. Es ist verbitternd, den anderen beim Essen zuzusehen. Morgens starre ich durch die Schaufenster auf frische Brötchen oder süße Sachen. 1,80 € für ein halbes belegtes Brötchen. Mein Magen knurrt. Um zu essen, begehe ich Straftaten. Manchmal werde ich beim Lebensmittelklauen im Laden erwischt. Hunger treibt mich an. Ich muss essen.

Das Erste, was ich kaufe, wenn ich Geld in der Tasche habe, ist Essen. Mich hat jemand gefragt, was ich mit 100.000 € machen würde. Meine Antwort kam so schnell, dass ich erst noch einmal darüber nachdenken musste, was ich gerade gesagt hatte: „Ich würde den Kühlschrank voll machen." Das ist mein erster Gedanke.

Die Erde ist mein Kühlschrank. Ich kann nur Sachen nehmen, die länger halten. Ich darf nichts offen herumliegen lassen. Meine nächsten Nachbarn sind Ratten. Ich höre sie in den Büschen. Ich sehe sie über den Stein flitzen, in die nächste Lücke. Wenn sie Nahrung riechen, kommen sie näher. Es ist am besten, nie dort zu schlafen, wo man isst. Wenn doch, muss alles gut verschlossen sein.

Ich knabbere an den Brotresten des letzten Tages. Meine anderen Nachbarn sind Tauben, ich sehe sie öfter und länger. Mit ihnen teile ich mein letztes Brot. Ich kenne den Hunger, ich möchte nicht, dass jemand anderes nicht satt wird, wenn ich noch etwas geben kann.

Ich laufe durch die Gegend und schaue anderen beim Essen zu. Das Einzige, was ich sehe, sind Restaurants, nebenan Dönerbuden, direkt daneben die neue Pizzeria, darauf folgt der kleine Hotdog-Laden, dann der fast immer geöffnete Burger King, in dem ich mich viele Nächte im hinteren Teil verstecke. Die Vierersitze haben eine hohe Lehne, dahinter wird man nicht gesehen. Ich bin alleine, vor mir liegt ein labbriger Cheeseburger, das Tablett wirkt riesig. Das Licht ist grell, Radio läuft, und ich gucke auf ein paar Meter Davidstraße. Vor dem Fenster stehen die Frauen und warten ebenfalls, wahrscheinlich auch darauf, dass die Nacht vorbeigeht.

Bin ich in den Parks und Wäldern unterwegs, sammle ich Beeren und Früchte an Sträuchern und Bäumen, man findet einiges. Ich mache meine Runde an den Tonnen, um das herauszuholen, was andere weggeschmissen haben. Ein gefundenes Fressen. In den Containern liegt viel Obst und Gemüse, beides hat nur eine kurze Haltbarkeit. Die Supermärkte werfen Lebensmittel nicht nur in den Abfall, wenn sie verdorben sind, sondern auch, wenn sie einfach schlecht aussehen und beispielsweise kleine Druckstellen haben. Immer häufiger werden die Müllcontainer mit Scheinwerfern beleuchtet oder mit Kameras bewacht. Viele sind umzäunt, es gibt kein Herankommen.

Discounter verschwenden Massen. Es sollte ein Gesetz geben, dass alle Supermärkte ihre brauchbaren Reste nicht wegwerfen dürfen, sondern an die Tafeln spenden müssen. In anderen Ländern gibt es dieses Gesetz. Ich weiß, dass die Schlange der Tafel länger wird, ich stehe dort an. Am Ende der Nahrungskette bleibt immer weniger übrig. Manche warten Stunden und gehen mit leeren Händen nach Hause, weil schon alles weg ist

Die Suche geht weiter, ein Leben aus der Tonne.

Unter Menschen

Unten am Hafen. Ich beobachte Menschen, die an der Elbe spazieren, mit Fischbrötchen in der Hand. Ich schlendere durch Parks und sehe Kinder, die mit kleinen Schaufeln im Sandkasten buddeln. Hunde toben, Mamas schieben Kinderwagen, Jogger hecheln, Bälle fliegen, um mich herum ist alles in Bewegung. Es wird Frühling in Hamburg. Die Orte, an denen ich noch vor Kurzem alleine gesessen habe, sind nun voller Leben. Die ersten warmen Sonnenstrahlen, nach all den dunklen Wintertagen. T-Shirt-Wetter. Die meisten freuen sich auf die warme Jahreszeit. Alle sind besser gelaunt.

Für mich fängt jetzt wieder eine schwierige Zeit an. Alle denken: Je wärmer es wird, desto einfacher ist das Leben auf der Straße. Doch das stimmt nicht ganz. Wir verschwinden bis zum nächsten Winter wieder in der Bedeutungslosigkeit. Am 1. April schließen die Winternotprogramme der Stadtverwaltung. Für uns heißt es dann wieder: Platte machen. Selber klarkommen. Die Suche nach einem sicheren Schlafplatz für die Nacht geht wieder los.

Der Sommer ist die Zeit des Vergessenwerdens. Im Sommer scheint es fast, als seien wir unsichtbar. Man versucht, uns nicht zu sehen. Für die Stadt ist man nur der hässliche Fleck in einem schönen Bild. In der City findet man kaum einen Bereich, in dem man für einen Moment zur Ruhe kommen kann. Ladenbesitzer oder Security-Personal entfernen einen aus den Eingängen. Als Normalbürger fällt es einem nicht so auf, aber es gibt viele Menschen, die nur dafür da sind, anderen zu sagen, wo sie nicht hingehören.

Überleben ist kein Leben. Im Sommer sind für Obdachlose keine Ferien. Es gibt keine Pause von der Straße. Das alles hat nichts mit Campingurlaub in lauwarmen Nächten zu tun. Dieser

Lebensumstand bedeutet, ganz unten zu sein. Dort brodelt es oft am heißesten.

Der Sommer ist ein ganz anderer Gegner. Ganz praktische Dinge, die einem das Jahr über eigentlich helfen, drehen sich jetzt um. Der Boden kann die meiste Zeit ein Kühlschrank sein. Die Lebensmittel, die man so verstaut hat, können eigentlich schon ein paar Tage halten, bei den hohen Temperaturen hat man aber schon nach kurzer Zeit nur Schmelzkäse. Das, was man sonst so einkauft, geht bei der Hitze ein. Darauf muss man sich mit seiner gesamten Routine neu einstellen.

Während im Winter Suppenküchen dafür sorgen, dass die Leute an kalten Tagen etwas Warmes im Bauch haben, gibt es im Sommer viel weniger Möglichkeiten, frisches Essen zu bekommen. Früchte und Obst sind zu teuer. So etwas wird selten ausgegeben. Dabei wäre es wichtig bei diesem Wetter.

Es ist kein gesundes Leben und die Probleme nehmen in dieser Jahreszeit eher noch zu. Ja, im Winter kann man über Nacht an Unterkühlung sterben. Der Sommer kann dir lebenslange Leiden zufügen. Die ganze Zeit unterwegs. Heute hier und morgen da, aber immer auf den Beinen. Das macht Marschfüße. So nennt man es auf der Straße, wenn der Fuß angeschwollen und voller Blasen ist. Viele Menschen haben Kratzer, größere Wunden oder Hautkrankheiten vom stressigen Leben auf der Straße.

Die Sonne verhindert den Heilungsprozess. Sie kann zu schlimmen Sonnenbränden und Verbrennungen führen. Sonnencreme haben die wenigsten um sich einzucremen, das ist ein Luxusartikel auf der Straße.

Wunden platzen wieder auf und vereitern. Bei manchen kommt es zu Infektionen und im Herbst muss dann ein Teil des Körpers amputiert werden. Im Winter verliert man sein Leben, im Sommer vielleicht ein Bein. Die meisten Menschen auf der Straße sind nicht krankenversichert. In akuten Notfällen – dann etwa, wenn eine Wunde so stark entzündet ist, dass man nichts mehr retten kann, wird ihnen geholfen. Eine vernünftige Wundversorgung, die eine Amputation verhindert hätte, ist da nicht drin. „Kein Notfall" heißt es dann meistens.

Viele Menschen tragen auch deshalb ihre langen Klamotten bei der Hitze. Sie schützen sich damit vor der Sonne. Das ständige Schwitzen und die Kleiderschichten führen aber dazu, dass keine Luft herankommen kann und das verursacht auch wieder Schaden. Es ist ein Teufelskreis.

Außerdem besitzt man einfach keinen Kleiderschrank. Man hat nur wenige Sachen zum Anziehen. Nach ein paar Stunden ist alles durchgeschwitzt und so hat man einen Haufen dreckiger Wäsche.

Unterwäsche ist eine große Mangelware auf der Straße. Das wird nicht so häufig gespendet, weil viele Einrichtungen nur Neu- ware annehmen möchten. Der Schweiß läuft in jede Ritze und nicht regelmäßig seine Wäsche zu wechseln wird eklig.

Die Klamotten ins Waschcenter bringen kostet 3 Euro. Das hat man oft nicht und an heißen Sommertagen muss man schon mehr für ausreichend Flüssigkeit ausgeben oder vielleicht doch mal einen Apfel oder Banane kaufen, weil das Essen in der Tasche schlecht geworden ist. Waschen ist oft nicht drin.

Dann ist da noch die Frage des Trocknens. Man kann eben auch nicht nackt im Waschsalon vor der Maschine stehen. Irgendwas Schmutziges muss man immer anbehalten und für eine Wäsche, die womöglich am selben Abend wieder verbraucht ist, rentiert sich das nicht.

Die gleiche Frage kommt auch auf, wenn ein Gewitter durch- gezogen ist. Oder die vielen kleinen Schauer die zwischendurch herunterkommen. Der Baum, der eben noch Schatten gespendet hat, hält nun den größten Regen ab. Nass wird man trotzdem immer und so kleben die Klamotten wieder an der Haut.

Man kann vieles verstecken, nur seine Scham nicht. Die Menschen distanzieren sich angeekelt von einem. Man selbst isoliert sich. So entfernt man sich immer weiter und zieht sich zurück an einen der letzten Orte, die einem bleiben, die Klamotten. Die Kapuze über den Kopf. Das letzte Versteck. Alles blüht. Ich verwelke.

Im Winter gibt es viel mehr Hilfsangebote als im Sommer. Das ist ein großes Problem. In dieser Jahreszeit muss man mit dem meisten selber klarkommen. Die Hitze steigt einem oft zu Kopf, denn richtige Orte für eine Abkühlung gibt es nicht, am ehesten der Schatten unter einem Baum. Der Stress des Tages klebt an einem wie der Schweiß und die Klamotten. Aus ihm folgen schnell Frust und Wut, was zu Verzweiflung und Zorn führt. Aus dem Abseits sieht man glücklichen Menschen dabei zu, wie sie gemeinsam eine schöne Zeit miteinander verbringen. Des einen Freude ist jemand anderes Leid. Man sieht Menschen zusammen lachen und in der Sonne strahlende Gesichter. Sie haben Spaß, genießen das Wetter. Jemand fährt mit der Decke auf dem Gepäckträger des Fahrrads durch die Stadt, die vom Baden nassen Haare trocknen im Fahrtwind. Für einen Moment ist es wie im Winter, wenn man in die Fenster sieht. Man hat den Geruch in der Nase von den noch nassen Haaren aus dem Schwimmbad und man weiß, wie die Decke riecht vom Gras, man schmeckt die kalte Limo und das Eis und erinnert sich an die schönen Tage am See.

Im Winter mag man vielleicht Tüten voller Geschenke sehen, aber es wird einem schnell klar, dass dies nur Materielles ist. Denn das, was einem wirklich fehlt, ist diese Lebensfreude. Während alles um einen herum aufblüht, verwelkt man selbst innerlich. Man geht ein, denn man ist alleine. Alle Wege auf der Straße führen in die Einsamkeit.

Deshalb sind die kleinen Gesten der Hilfe so wichtig. Weil sie denen auf der Straße zeigen, dass sie nicht ganz alleine sind. Dass sie gesehen werden. Darum: schauen wir nicht weg. Und es ist ganz einfach, zu helfen: Bei Hitze rettet Wasser Leben. Wir können jederzeit einfach an den Hahn und aus der Leitung kommt frisches, kaltes Wasser. Füllen wir ein paar Flaschen extra auf und geben sie aus.

Teilen wir ein Stück unserer Lebensfreude. Verschenken wir auch mal ein Eis oder ein kaltes Getränk an heißen Tagen und geben den Menschen so ein bisschen von unserem Glück ab und geben ihnen etwas, das man sich sonst nur noch vorstellt, einen kleinen Geschmack des Sommers.

Ich würde mir wünschen, dass wir im Sommer genauso teilen wie im Winter. Menschen, die weniger haben, etwas abgeben.

Ja, wir sind die, die nach dem Grillfest die Flaschen einsammeln. Während im Winter manchmal Gruppen für Obdachlose kochen, sehe ich im Sommer selten, dass jemand ein Stück Fleisch übrig lässt und den Pappteller einem Obdachlosen reicht. Auch das gekühlte Bier wird bis zum letzten Schluck genossen. Da geht keine Flasche aus dem Sixpack an einen Fremden. Wo machen wir den Unterschied?

Im Sommer kann Wasser vor dem Dehydrieren retten. Brennt die Sonne, hilft Wasser immer weiter, und es ist gar nicht mehr so einfach, an Wasser zu kommen. Die Vertreibung der Obdachlosen aus den Innenstädten wird immer konsequenter und härter durchgezogen.

Meine Wasserquelle befindet sich am S-Bahnhof Reeperbahn. Dort kann man auf dem Bahnsteig eine Verkleidung öffnen, dahinter ist ein Hahn. Es kommt sauberes Wasser heraus; hier fülle ich meine Flaschen auf zum Trinken oder Waschen.

Im Sommer, wenn die Nächte warm sind, gibt es in Hamburg wunderschöne Orte. Dort kann man stundenlang in die Sterne blicken, bis die Sonne über dem Hafen aufsteigt. Im Winter ist es anders. Man kämpft gegen die Kälte, den Regen und Schnee. Die Gedanken beschränken sich auf das Wesentliche: überleben.

Im Winter hat das Thema Obdachlosigkeit mehr Relevanz, in den Medien, spätestens dann, wenn wieder jemand auf der Straße erfriert. Viele Menschen spenden in den kalten Monaten mehr als in der Sommerzeit. Man bekommt öfter ein Essen oder ein Getränk angeboten. Besonders kurz vor Weihnachten werfen Passanten mehr Geld in den Becher.

Ich glaube, gerade in dieser Zeit des Jahres fühlen sich viele Obdachlose alleine. Darum können nette Worte und ein Gespräch schon viel bedeuten, das Gefühl, nicht alleine, irgendwo noch ein Teil des Ganzen zu sein. Das spendet Hoffnung. Eine kurze Begegnung kann das schönste Erlebnis des Tages für jemanden sein.

Die Straßen sind mit strahlenden Lichterketten geschmückt. Diese Lichter sind ein kleiner Trost.

Mir fallen zu Weihnachten besonders zwei Arten von Menschen auf. Die einen, die mehr Mitgefühl für ihre Mitmenschen entwickeln und bereit sind zu geben. Die anderen, die in ihrer besinnlichen Stimmung nicht bedrückt werden wollen und die Augen verschließen.

Für den Einzelhandel ist das Weihnachtsgeschäft unentbehrlich. Dort, wo sonst oft Obdachlose in der Mönckebergstraße in den Eingängen liegen, ist niemand anzutreffen. Die Geschäfte rufen tagsüber sofort die Polizei, sobald jemand sich vor dem Laden auffällig verhält oder verweilt. Nachts kontrollieren auch hier private Sicherheitsdienste. Man versucht, das schöne Bild aufrechtzuerhalten, und vertreibt Menschen, die nicht wissen, wohin. Aus den Augen, aus dem Sinn.

Eva, Gewalt

Gewalt gehört zum Alltag auf der Straße. Beleidigungen gehören dazu. Ich habe gelernt, verbale Gewalt abzuschütteln. Man muss es lernen. Ich glaube, dass es nicht viele Menschen gibt, die sich an einem Tag so viele Beleidigungen anhören müssen wie Obdachlose. Ich bin aufgewachsen mit dem Begriff „Penner" als Schimpfwort. Ich könnte nicht zählen, wie oft ich es schon gehört habe. Gewalt fängt mit Worten an. Wieso wundere ich mich nicht, warum es so viel Gewalt gegen Obdachlose gibt?

Ich will von Eva erzählen. Sie macht oft Platte unter der Schanzenbrücke. Hier ist immer viel los: Kneipen und Restaurants, Clubs und Bars. Eines der Szeneviertel der Stadt. Hier halten sich viele junge Menschen auf. Ich besorge Eva einen Becher Kaffee. Als ich an ihren Platz zurückkomme, schlendert eine Gruppe junger Männer vorbei. Drei Typen. Sie bleiben an ihrem Sofa stehen.

„Hey Junkiehure. Was würdest du alles für 20 Euro machen?", ruft einer. Die beiden anderen lachen.

Ich stehe jetzt genau neben ihnen. Eva ist eingeschüchtert, sie bekommt kein Wort heraus. Ich reiche ihr den Becher. Dann wende ich mich an die Gruppe. Ich bin nicht aggressiv. Ich möchte herausfinden, warum so etwas passiert.

„Wie kann man einen Menschen, der schon ganz unten ist, so unwürdig behandeln?", frage ich ruhig.

Ich möchte keinen Streit. Ich will nur diese Frage stellen.

Einer der Männer schubst mich sofort von der Seite. Ich schubse zurück. Er schlägt nach mir, doch trifft mich nicht. Ich bin stärker und schneller. Ein paar Treffer reichen. Damit haben sie nicht gerechnet. Fluchend gehen sie davon.

Auf der Straße bin ich mit einem Auge immer wach. Ich registriere das leiseste Geräusch, ich lausche und versuche zu spüren, ob sich eine Gefahr nähert. Andere Obdachlose schlafen in Gruppen oder an einem Stammplatz, um sich vor Gewalt zu schützen. Ich nicht. Ich bin alleine.

Meinen Schlafsack ziehe ich nie ganz zu, damit ich schneller reagieren kann. Es gibt Menschen, die zünden die wenigen Habseligkeiten von Obdachlosen an. Schlafsäcke fangen schnell Feuer. Deshalb schlafe ich nur mit geöffnetem Reißverschluss.

Ich stand schon vor Fäusten, ich wurde mit Flaschen, Messern, Äxten und Schlagstöcken angegriffen, mit Quarzhandschuhen und Schlagringen attackiert. Ich habe Pfefferspray ins Gesicht bekommen und bin zusammengeschlagen worden. Ich habe mein Blut auf dem Asphalt vergossen. Nie gab es dafür einen Grund. Es passierte, weil Menschen einen Weg suchen, andere zu erniedrigen und aufgestaute Wut abzubauen. Obdachlose sind eine Zielscheibe. Ich schlafe mit einem Feuerzeug in den Händen, um mich besser wehren zu können. Die wenigsten Obdachlosen wehren sich gegen Gewalt. Und sie zeigen ihre Peiniger auch nicht an, wenn sie das Opfer geworden sind – weil sie fürchten, dass die Polizei sie nicht ernst nimmt.

Es ist nie sicher draußen. Jederzeit kann jemand an einen herantreten. Ich muss immer vorbereitet sein. Es kann alles passieren.

In den Nächten stelle ich meine Alarmanlage auf. Es ist einfach zusammengebastelt.

Links und rechts von mir spanne ich eine Schnur, hänge eine Dose dran. In die eine kommen Glasscherben, in die andere Steine.

Macht es ein Geräusch von Scherben, weiß ich, jemand kommt von der einen Seite und wenn es nach Steinen klingt weiß ich, jemand kommt von der anderen Seite auf mich zu.

Oft ist es ein Mix aus Gruppendynamik und Alkohol, der vor allem junge Männer dazu bringt, sich an Schwächeren zu vergreifen. Eine Gruppe kommt aus einem Club in einem noblen Stadtteil. Die Männer gehen zu einer Gruppe, die in einem Hauseingang schläft. Sie pissen auf die Schlafenden, und als diese empört aufschrecken, treten sie sie zusammen. Nichts davon steht in der Zeitung, die Polizei wird nicht eingeschaltet. Doch es ist Realität auf den Straßen, in Hamburg, in Berlin, in Essen, in Stuttgart und in jeder anderen Großstadt.

Auch anderswo spielen sich Tragödien ab. In Köln findet die Polizei in einem Tunnel einen Mann, der angezündet wurde. Er starb an seinen Verbrennungen. Sein Name war Basti, und er wurde 29 Jahre alt. Niemand sollte so früh gehen müssen. Ich habe keine Angst vor dem Tod, ich habe Angst davor, nichts zu sehen.

Ich schlafe nur ein paar Mal im Zelt, ich halte es nicht aus. Ich muss meine Sinne nutzen, um meine Umwelt einzuschätzen. Im Zelt fühle ich mich eingeschlossen, ungeschützt. Ich weiß, dass Zelte angezündet werden, und bereite mich immer auf das Schlimmste vor.

Mit dem Körper liege ich seitlich zum Eingang. Die Reißverschlüsse bleiben offen, damit ich schneller herauskann. Einen Arm lege ich um den Kopf, um ihn vor möglichen Tritten oder Schlägen zu schützen. Neben mir liegt ein Messer, damit ich mich im schlimmsten Fall aus dem Zelt rausschneiden kann. Man hört im Zelt jedes Geräusch, ohne etwas zu sehen. Passanten, die vorbeigehen, ein Rascheln im Gebüsch. Alles klingt so, als fände es direkt neben dem Zelt statt. Ruhe habe ich in einem Zelt nie gefunden.

Nachrichten von Angriffen sprechen sich schnell herum. Die Menschen auf der Straße haben Angst, sich alleine hinzulegen. Sammeln sich in Gruppen oder suchen Schutz in öffentlichen Räumen. Da es inzwischen auf der Straße so viele verschiedene Gruppierungen gibt, die sich gegenseitig verachten, spürt man, wie der Druck steigt. Dabei kämpfen wir alle ganz unten, am gleichen Ende.

Gerade im Winter fällt es schwer, einen guten Rückzugsort zu finden. Die öffentlichen Plätze werden von Sicherheitsdiensten bewacht. Der Platz wird also wirklich knapp, und die verschiedenen Gruppen halten sich an denselben Standorten auf. Streitereien eskalieren immer wieder, wenn es darum geht, wer welchen Schlafplatz bekommt. Dazu kommt das Klauen. Schlafsäcke sind begehrt. Wer keinen hat, der nimmt sich einen.

Es ist Gewalt, verursacht durch die Not der Menschen.

Gewalt ist Alltag. Ich werde in viele Schlägereien verwickelt, die immer von derselben Art Menschen ausgehen. Typen, die keinen Wert in uns sehen und denken, sie könnten tun und machen, was sie wollen. Die Stimmung auf den Straßen ist noch aggressiver geworden. Inzwischen bin ich mit einem Schweizer Taschenmesser in der Jacke unterwegs. Ich weiß, dass ich es nie benutzen werde. Keine Waffen – das ist mein Kodex. Doch ich stand schon vor gezogenen Messern. Das schwere Metall in meiner Hand gibt mir ein sicheres Auftreten. Draußen muss man sich im Notfall behaupten.

Dass sich betrunkene Halbstarke an den Schwächsten auslassen, habe ich schon einige Male erlebt. Ich finde diese sadistische

Form der Gewalt, um Macht auszuüben, entsetzlich. In Zeiten, in denen Hetze und Hass wieder gesellschaftsfähig werden, beobachte ich, dass auch die Gewalt zunimmt. Es gibt keine konkrete Statistik, wie viele Wohnungslose Opfer von Gewalttaten werden. Vor Gericht werden Angeklagte oft „aus Mangel an Beweisen" freigesprochen. Es ist einfach, die Schwächsten anzugreifen, denn sie haben keinen Schutz. Oft sind die Taten menschenverachtend, und es scheint kein Halten zu geben. Es ist auffällig, dass die Gewalt gegen Obdachlose schnell eskaliert. Es scheint keine Grenze zu geben, keine Hemmung, bis hin zur Tötung eines Menschen. Denn genau das ist diese Person nicht mehr für die Täter. In deren Augen sind Obdachlose keine Menschen mehr.

Schon als Kind wird dir ein bestimmtes Bild von Obdachlosen vermittelt. Gewalt beginnt schon mit Worten. Jeder, der wie ich gerne die Abenteuer von „TKKG" mochte, hat schon früh solche Unterhaltungen gehört. Ich erinnere mich genau:

Karl: „Scheinen ziemlich zäh zu sein, diese Penner. Vielleicht liegt das daran, dass sie sich immer schonen? Sie haben keinen Stress, keine Verantwortung, keine Aufgaben, und sie leben trotzdem."
Tim: „Was nicht geübt wird, verkümmert. Schonung stärkt nicht, sondern schwächt. Das ist ein Naturgesetz und gilt für alles."

Die Feindlichkeit gegen Obdachlose wird gesteigert durch das Verhalten der Stadtverwaltungen. Platzverweise werden ausgesprochen; wohin wir gehen sollen, sagt keiner. An öffentlichen Plätzen spricht man von „Säuberungen", wenn man Maßnahmen ergreift, um Obdachlose von dort zu vertreiben. Wenn man Menschen vertreibt und das „Säuberung" nennt – was sind dann die vertriebenen Menschen? Sind sie Dreck? Gewalt fängt mit Worten an. Einige Menschen entwickeln einen tiefen Hass auf diesen Teil der Gesellschaft.

Doch gerade dann, wenn Leute meinen, sie täten der Allgemeinheit einen Gefallen, wenn sie solchen „menschlichen Schrott" vertreiben oder angreifen, ist doch genau das Gegenteil wichtig: jeden Menschen wie einen Menschen zu behandeln.

Und den Leuten sagen: Nein, ihr tut mir keinen Gefallen. Ich will auf gar keinen Fall in einer Gesellschaft leben, die so mit Schwächeren umgeht. Oder die das toleriert oder begünstigt.

Steindamm

Für mich bleibt immer die Frage: Wohin als Nächstes?

Selbst auf dem Steindamm, im Bahnhofsviertel, ist es ruhig mitten in der Nacht. Hier passiert noch einiges, doch das meiste spielt sich versteckt ab. Ich sehe alles. Die kauernden Menschen in viel zu großen, zerrissenen Klamotten. Sie sehen wie die Zombies in Filmen aus. Die Pfeifen werden aufgesetzt, die Steine auf einem Löffel aufgekocht. Crack riecht nach Chemie. Ein paar Häuser weiter sitzen andere in einem Hauseingang und ziehen das Heroin vom Blech. Wie sich jemand Heroin drückt, den Schuss selbst, habe ich noch nie gesehen. Als Kind wurde ich immer vor den gefährlichen Spritzen gewarnt, die sollte ich auf keinen Fall anfassen. In der Schule wurde beim Thema Drogen immer versucht, mit Heroin abzuschrecken. So richtig aufgeklärt hat es keiner. Viele Drogen die ich kenne, kommen aus der Spirituosenabteilung oder liegen

rezeptfrei in der Apotheke. Jeder, der mal nach einer Erkältung länger Nasenspray oder Hustensaft nimmt, weiß, wie schnell das geht. Einfach in die Apotheke und Nachschub besorgen, kein Problem.

Die Kunden verkümmern in den Hauseingängen, die Dealer stehen an den Ecken. Sie stehen um den ZOB, gleich beim „Drobb Inn". Hier trifft sich die offene Drogenszene. Dort können sich Süchtige saubere Nadeln geben oder beraten lassen. Dazwischen ist ein Park. Dort liegen sie regungslos. Manchmal glaube ich, Tote zu sehen. Manche leben, um zu sterben, andere sterben, um zu leben.

Sucht ist eine Krankheit und muss als solche angesehen und behandelt werden. Wer mit seiner Sucht alleine klarkommen muss, hat kaum eine Chance, da rauszukommen. Den Menschen muss geholfen werden.

Am Steindamm ist meine Welt am sichtbarsten für alle. Das gelbe Pfandleihhaus ist in der Mitte vom Steindamm. Wie oft ich hier schon mein letztes Hab und Gut gegen ein bisschen Bares eingetauscht habe. Ich hätte die Sachen auch problemlos verkaufen können, wahrscheinlich hätte ich sogar mehr Geld rausgeholt, aber irgendwie ist da immer die Hoffnung, dass es besser wird und ich meine verliehenen Gegenstände zurückholen kann. Mit dieser Hoffnung verdient der Pfandleiher sein Geld. Ich verlasse das Pfandleihhaus mit dem Wissen, zu wenig bekommen zu haben, aber so funktioniert das System, und am Ende gewinnt nur einer.

Ich verkaufe Ware an die Läden auf dem Steindamm, die nicht nach einem Ausweis fragen. Also kann ich mir so ziemlich in jedem Laden erst ein Angebot machen lassen und entscheide zum Schluss, bei welchem Laden ich meine Hehlerware loswerde. Der Verkäufer weiß, dass ich geklaute Sachen anbiete, und ich weiß, dass die dreihundert Autoradios in seinem Laden bestimmt nicht alle auf legalem Weg hierhergekommen sind. Das Viertel hat seinen eigenen Kreislauf, und irgendwo verschwimmen sogar die Grenzen des Gesetzes. Gut gegen Böse. Richtig und falsch, mein ewiger Kampf.

Ich habe in den Stundenhotels geschlafen. Es ist einer der Orte, von denen ich ebenfalls sagen kann, man muss sie nicht kennenlernen, auch nicht für ein paar Stunden.

Ich öffne die Tür, in einem Einbettzimmer begrüßt mich auf dem Kopfkissen ein Kondom. Normalerweise legen sich die Menschen nicht zum Schlafen in diese Betten. Ich sehe sie lungern, sie stehen da im Anzug. Sie verdrängen ihre Verachtung, der Trieb und die Gier übernehmen die Kontrolle. Sie wollen. Wenn man sie beobachtet, kurz bevor sie die ersten geraden Schritte auf die Frauen zumachen, sieht man ihren Kampf. Es ist kein Kampf des Gewissens. Wenn sie könnten, würden sie alles tun, was sie sich vorstellen, ich spüre ihre Scham.

Das Bett haut gegen die Wand. Er schreit jedes Wort für Prostituierte, das ihm einfällt, sie höre ich nicht. Für sie und für mich sind das keine Schäferstündchen, sondern schlimme Stunden. Es gewinnt nur einer.

Auf der Straße gibt es keine schlechten Tage, jeder Tag ist ein Kampf ums Überleben. Das vereint alle Bürgersteigkinder. Hier gibt es keine Freunde, sondern nur Gleichgesinnte. Auf der Straße gibt es keine Liebe. Auch für mich nicht. Wer sich selbst nicht liebt, kann keinen anderen Menschen lieben.

Ich habe schon viele schlimme Bilder gesehen, eines lässt mich nicht los. Es ist kein Mensch auf dem Steindamm unterwegs, nur eine Frau sehe ich. Sie hockt versteckt im Dunkeln. Sie sieht aus wie ein Tier. Sie hockt da, hat sich nicht mal hingesetzt auf den Boden oder eine der Treppenstufen. Sie könnte liegen, aber sie hockt einfach da, als wäre sie es nicht wert, sitzen oder liegen zu dürfen. Manche Menschen sind verloren. Ich denke oft an sie.

Winternotprogramm

Die Straße macht krank, das erfahre ich ganz besonders in meinem letzten Winter auf Platte, als es mir so beschissen geht wie noch nie. Ich nutze das Winternotprogramm und erinnere mich noch genau an den ersten Tag: Es regnet in Strömen. Zwischendurch prasselt ein Hagelschauer herab. Es ist ungemütlich. Die Nässe ist ein Problem. Alle anderen haben das gleiche große Problem. Die Kleidung, die wir am Körper tragen, ist meist die einzige, die wir besitzen. In nassen Klamotten unterkühlt man schnell und bleibt dauerhaft krank.

Ich stehe in einem Pulk von Menschen. Es ist kurz vor 17 Uhr. Gleich wird das Schloss des Bauzauns geöffnet, und wir können uns für einen Schlafplatz im Winternotprogramm anmelden. Wie gesagt: Es ist der Erfrierungsschutz der Stadt Hamburg. Eigentlich steckt in dieser Aussage auch alles, was man darüber sagen kann. Es ist keine Einrichtung, die versucht, das Leben zu verändern. Es ist einfach nur eine Maßnahme, die verhindern soll, dass wir da draußen in der Nacht in euren Hauseingängen erfrieren. Das Minimum.

Ich stehe schon eine Stunde vor dem Gelände und warte mit den anderen, um uns am Container der Unterkunftsleitung anzumelden. Ein Formular muss ausgefüllt werden. Ich soll meinen Ausweis hinterlegen. Hab ich doch gar nicht. Zum Glück komme ich so durch, weil mich die Leute kennen.

Mir geht es gar nicht gut. Ich fühle mich krank. Durch das Fenster wird mir meine Bettkarte gereicht. Container E, Raum E.8, das erste Bett oben. Zur Sicherheit ist die Beschreibung aufgezeichnet. Ich bekomme einen Bettbezug und einen kleinen Becher mit Duschgel, dazu ein kleines Handtuch.

Ich gehe in den Container. Unser Zimmer misst etwa 15 Quadratmeter. Wir sind zu acht in diesem Raum, vier Metalldoppelbetten. Es gibt ein Fenster und einen Heizkörper. Das Fenster bleibt zu. Die Leute wollen nicht mal einen leisen Luftzug von draußen spüren. Das Wetter wird ausgeschlossen. Heizung auf höchste Stufe. Die nassen Kleidungsstücke legen die Männer über die Heizung, um sie zu trocknen. Ein gutes Klima für Bakterien. Außerdem stinkt es einfach. Wir stinken. Im Schlaf hörst du die Leute schnarchen und schreien.

Ich kriege kein Auge zu. Mir geht es mies. Ich stehe auf. Raus in den Flur. Die ganze Etage teilt sich eine Toilette. Nicht so schön. Dieser Winter macht mich fertig, und mein Körper gibt grade richtig auf.

Mir wird schwindelig, ich lehne meinen Kopf gegen die Kabine. Ich schwitze, mir ist heiß, und vor meinen Augen fängt es an zu flimmern. Dann haut es mich um. Einfach weg. Als ich wieder zu mir komme, liege ich in der dreckigen Toilette im Winternotprogramm.

So fühlt es sich an, wenn man ganz unten ist.

Der Winter 2013 auf 2014 ist einer der schlimmsten. Ich denke manchmal, dass ich sterbe. Am 1. April endet das Winternotprogramm, egal, wie kalt es noch ist. Die Suche nach einem Schlafplatz beginnt wieder. Aber diesmal weiß ich, wohin. Ich gehe wieder in meinen Park an der Elbe, dahin, wo ich mich schon seit dem Ende meiner Zeit auf dem Kiez am liebsten aufhalte.

Keine Perspektive mehr sehen.
Das Leben bleibt auf der Stelle stehen.
Zeiger, die sich schneller drehen.
In der Hektik kann man leicht untergehen.

Ich wünschte, sie würden mir in die Augen sehen.
Ich fühle mich mein Leben lang, als würde ich
unten stehen.
Dabei möchte ich doch nur mit den Jungs ein paar
Runden drehen.
In den Zweifeln kann ich schnell mal untergehen.

Wissen ist Macht.
Wissen gibt Kraft.
Wissen macht satt.
Wissen ist das, was uns fehlt.

Ignoranz ist der Grund, warum wir selten über
den Tellerrand sehen.
Nicht mehr auf Berggipfeln stehen.
Immer dieselbe Schleife drehen.
Langsam in Routine untergehen.

Liebe ist Macht.
Liebe gibt Kraft.
Liebe macht satt.
Liebe ist das, was uns hoffen lässt.

Auf etwas Besseres.
Das den Hass durch Frieden ersetzt.
Wenn Einsamkeit die Seele verlässt.
Kein Schmerz, nur Freude.

Lachen, es gibt nichts Besseres.
Tränen durch ein Strahlen ersetzt.
Das Leid, das den Geist verlässt.
Keine Trauer, nur Glück.

Schafft Hoffnung auf etwas Besseres.
Angst durch Mut ersetzt.
Bis Selbstzweifel die Gedanken verlässt.
Mut ist, wenn du deine Angst erkennst und
trotzdem kämpfst.

Glauben an etwas Besseres.
Das Licht hat die Dunkelheit ersetzt.
Dämon, der den Körper verlässt.
Nichts Böses, nur Gutes.

Freiheit.

AUS DEM SCHATTEN INS LICHT

Laternen,
Hamburg, Altona/St. Pauli, 2012

Einmal St. Pauli, immer St. Pauli. Weg von der Reeperbahn, hin zum Hafen. Der Park direkt an der Elbe, zwischen Pinnasberg und Hafenstraße, wird mein Zuhause. Wasser plätschert, Schiffe laufen ein und aus. Ich blicke auf die Elbe, sehe die Kreuzfahrtschiffe, die hinaus in die weite Welt fahren.

Ich bleibe hier, schreibe aus meiner Welt unter Palmen aus Stahl. Ich nehme mir Zeit zum Nachdenken. Ich liege in meinem Bett im Park Fiction. Die Holzbank ist lang genug, dass ich mich ausstrecken kann. Sie hat eine Lehne. Das Holz ist noch warm vom Tag. Ich schaue nach oben auf mein Himmelsdach. Hier ist es ruhig, ich bin weit weg von den lauten Straßen, die Bank steht geschützt, niemand könnte sich hier einfach anschleichen. Ich fühle mich zum ersten Mal sicher und komme etwas zur Ruhe. Auf der Straße denkst du irgendwann nur noch bis zur nächsten Bank, zum nächsten Essen, zum nächsten Schlafplatz, für alles andere ist kein Raum im Kopf. Jetzt entwickle ich ganz langsam einen weiteren Zeithorizont. Morgen. Übermorgen. Nächste Woche. Ich fange an, über meine Zukunft nachzudenken.

Ich blicke auf die andere Seite der Elbe, auf die Hafenstadt, die niemals schläft, mit all ihren blinkenden Lichtern. Das leise Grummeln bringt einen angenehmen Unterton in die Stille der Nacht, und es fühlt sich gut an zu wissen, dass dort drüben noch

Tausende Menschen wach sind. Ganz anders als die Hektik auf dem Kiez. Die Reizüberflutung, der Krach, überall blinken die knallbunten Neonlichter.

Die gelben Lichter sind meine Nachttischlampe, ich sitze unter den Laternen am Hafen mit Stift und Papier auf dem Schoß und schreibe meine Last aus dem Kopf. Die gelben Lichter lassen mich in dunklen, kalten Nächten Wärme spüren. Die Strahlen bringen warme Erinnerungen und gute Gedanken. Ich schlafe ein mit den Wellen, die an die Mauer schlagen. Ich kann endlich ein bisschen schlafen.

Die Möwen wecken mich. Ich habe den Geruch der Elbe in der Nase, der vom Wind getragen wird. Das Horn eines auslaufenden Schiffes, das glänzende Wasser, wenn die Sonne über den Kränen aufgeht. Ich beobachte das von meiner Bank aus, meinem Schlafzimmer. Eine schöne Aussicht. Ein neuer Tag fängt an.

Der Prophet

Ich habe auf der Straße Respekt gelernt.

Jeder hat ein Recht, mit Würde behandelt zu werden. Ich weiß nichts von meinem Gegenüber. Ich muss nicht gut finden, was du machst, aber ich respektiere dich als Mensch. Das verbindet uns. Es ist alles, was wir sind.

Ich kenne einen Mann, der mich erleuchtet. Darum nenne ich ihn den Propheten. Der Prophet nennt sich Hiob. Die tiefen Falten, die sein Gesicht verzieren, scheinen eine Geschichte von Plagen zu erzählen. Zum ersten Mal treffe ich Hiob am Hafen. Er schreit jemanden ziemlich böse an, dabei sieht er überhaupt nicht gefährlich aus. Er strahlt sogar Frieden aus. Er ist klein und hat weiße strubbelige Haare und einen langen zerzausten Bart. Ich denke, im Alter werde ich ähnlich aussehen.

Ich gehe auf ihn zu und versuche, ihn zu beruhigen. Wir reden zwei Stunden lang. Wir schauen uns dabei durchgehend in die Augen. Ich sehe etwas in seinen Augen, nach dem ich suche. Nie zuvor habe ich so viel aufgenommen in einem Gespräch. Ich habe jedes Wort aufgesaugt. Der Satz, der mich am meisten getroffen hat, geht so:

„Hörst du die Vögel? Selbst die kleinsten von ihnen singen den ganzen Tag aus voller Kraft."

Seitdem höre ich mir die verschiedenen Vögel genauer an und freue mich, wenn das Zwitschern mich morgens weckt. Ich schaue, wie der Frühling die Natur zum Leben erweckt und Blumen wachsen. Ich pflücke Löwenzahn und Maiglöckchen und Vergissmeinnicht. Früher habe ich auf die großen Limousinen und schnellen Autos auf der Straße geschaut oder in die Schaufenster auf Armani-Uhren und Designerklamotten.

Hiob ist schon sehr lange auf der Straße. Man sieht ihm an, dass die Straße sein Zuhause ist. Er lebt von ihr, und sie gibt ihm alles. Das sieht nicht immer schön aus.

Einmal laufe ich gerade runter zur Elbe, als ich ihn an einer Tonne stehen sehe. Ich will zu ihm gehen, doch er winkt mich direkt weg.

„Siehst du nicht, dass ich beschäftigt bin", schreit er mir zu.

Ich könnte enttäuscht sein, doch so sehe ich unsere Begegnungen nicht. Ich lerne aus ihnen, jedes Mal. Meine Gedanken auf dem Weg zum Hafen kreisen um Zeit, die man vergeudet. Ich mache viel, doch ich könnte noch mehr schaffen. Hiob hat immer etwas zu tun. Selbst sein Essen aus der Tonne zu ziehen, ist für ihn eine Beschäftigung. Man kann sich immer beschäftigen. Zu oft denke ich, dass es nichts zu tun gäbe.

Es dauert ein paar Wochen, bis ich ihn wiedersehe. Ich habe eine Frage vorbereitet, von der ich mir sicher bin, dass er sie beantworten kann.

Wie werde ich glücklich?

Als ich ihn das nächste Mal sehe, kommt er mir entgegen. Er sieht wütend aus. Mein Herz klopft. Er kommt immer näher. Ich werde langsamer, bis wir auf gleicher Höhe sind. Ich habe die Worte auf der Zunge, doch meine Füße gehen weiter. Ich schaue nicht zurück. Erst nach einigen Metern drehe ich mich um und überwinde mich hinterherzulaufen. Genau in diesem Moment, als ich mich umdrehe, beginnt er wegzurennen. Als hätte er mich gespürt.

Das Ganze wiederholt sich noch ein paar Mal. Nie habe ich den Mut, ihn anzusprechen. Immer wenn ich es mir anders überlege und umdrehe, um ihn einzuholen, beginnt er zu rennen. Wir haben bisher nur einmal miteinander gesprochen. Doch selbst, wenn wir nicht reden, scheine ich von ihm zu lernen. Schließlich kam mir dieser Gedanke: Es ist wie mit dem Glück und den Chancen. Man sieht sie auf sich zukommen. Sie sind zum Greifen nah. Langsam ziehen sie an einem vorbei, und dann verschwinden sie schnell und sind nicht mehr einzuholen. Siehst du das Glück oder eine Chance, dann nutze sie und halte sie fest. Das ist meine erste Lektion.

Als ich das verstanden habe, traue ich mich, ihn bei unserem nächsten Wiedersehen anzusprechen. Er steht an der Ampel, an der ich ihn zuvor verloren hatte. Ich stelle mich direkt neben ihn und sage leise, wie selbst die kleinsten Vögel den ganzen Tag aus voller Kraft singen können.

Kleiderkammer.
Hamburg, Karoviertel. Sommer 2015

Ich sehe mich, und ich sehe andere Menschen.

Ich sehe die Menschen, die vor dem Krieg flüchten und in Hamburg ankommen mit nichts als dem, was sie an sich tragen. Die Reihen in der Wandelhalle vor den Geschäften wie Douglas oder dem Body Shop belegt mit einer Isomatte an der nächsten. Das habe ich noch nie gesehen. Hunderte Menschen übernachten am Bahnhof. So sieht mein Leben auch aus, aber von dort oben, wo ich stehe und auf die Passage blicke, aus dieser Perspektive habe ich es noch nie gesehen.

Ich will helfen. Ich entdecke viele Parallelen zu mir: die Ungewissheit, das Leben nur in den Tag, ohne zu wissen, wohin es geht. Die Orientierungslosigkeit, den Frust und die Enttäuschungen, die man einstecken muss. Diese Menschen kommen unter ganz anderen Umständen hierher. Sie kennen sich hier nicht aus, sprechen nicht unsere Sprache. Keine guten Voraussetzungen, um hier anzukommen. Die Menschen sind einfach hier in meiner Stadt gestrandet.

Ich kenne vieles von dem, was jetzt auf sie zukommen wird, das Warten, die Absagen, die Ignoranz, das Nicht-Weiterkommen. Ich kann ihnen vielleicht etwas mehr Sicherheit geben, sie durch meine Erfahrungen, alles, was ich bereits erlebt habe, unterstützen. Ich denke zu dieser Zeit nicht an mich, es trifft mich, was passiert, und wie viele Menschen plötzlich hier sind.

Ich gehe in die Kleiderkammer in den Messehallen. In einer Halle sind mehr als tausenddreihundert Geflüchtete provisorisch untergebracht, in der Nachbarhalle werden Spenden gesammelt. Spenden habe ich nicht dabei, ich will etwas tun. Ich höre alle über die Geflüchteten reden, meistens schlecht. Ich will etwas unternehmen, ich bin gegen Wut und Hetze. Schon auf dem Weg zur Messe habe ich ein gutes Bauchgefühl. Hier könnte sich etwas verändern. Ich verbringe jeden Tag in der Messe, von morgens bis in die Nacht. Wenn das erste Auto mit Spenden angefahren kommt, habe ich schon meine Hallenrunde gemacht. Die Bistro-Ecke gesäubert, den Kaffee aufgesetzt. Die Halle B7 ist groß. Angefangen hat es mit einer kleinen Ecke und einer Handvoll blauer Regale. Nach wenigen Wochen ist die komplette Halle voll mit Spenden.

In der Halle vergeht die Zeit nicht, gleiches Licht, keine Uhr. Ich weiß nicht, welchen Tag wir haben oder ob draußen die Sonne scheint, ich bin im Tunnel, am Ende kann ich wieder Licht sehen. Ich hatte schon öfter Lust zu helfen. Ich ging zu verschiedenen Einrichtungen, kam dort durch die Tür und stand erst einmal verloren in der Gegend, bis dann doch einer der vielen wuselnden Menschen Zeit für mich fand. Oft hatte ich gar nicht das Gefühl, gebraucht zu werden. In der Kleiderkammer ist das anders. Jeder wird begrüßt, wir schreiben unsere Namen auf Kreppband, dann bekommt man direkt etwas zu tun. Jede tatkräftige Hand ist hilfreich und wird dringend benötigt. Es wird zu einer Bewegung, Tausende Menschen wühlen sich durch Klamottenberge, sortieren und lagern Kartons auf Paletten.

Nach wenigen Wochen habe ich täglich mit Logistik zu tun. Ich weiß, was Paletten sind, wie man Hubwagen bedient, Gabelstapler fährt, außer an dem Tag, als ich durch die Tür fahre. Wir entwickeln ein Lagersystem und eine IT-Lösung für ein Warenbestellsystem. Die Kleiderkammer wächst, wir verteilen bald Spenden an andere zentrale Erstaufnahmen. Wir können sofort die Mengen liefern, die gebraucht werden.

Jeden Tag kommen Tausende Menschen in Hamburg an. Die

Stadt hält zusammen und heißt ihre neuen Mitmenschen willkommen. Hamburg zeigt sein Gesicht immer wieder in solchen Momenten, wir sind offen und tolerant. Hamburg bleibt bunt. An den Wochenenden staut sich der Verkehr kilometerweit auf, alle wollen zur Messe abbiegen, um entweder etwas abzugeben oder anzupacken. Es entsteht eine große Bewegung.

Ich lerne so ziemlich jeden kennen, der in der Messe arbeitet, vom Pförtner bis zum Pressesprecher. Ich komme mit den Leuten gut aus. Die Security lässt mich überall herumlaufen, ich bin oft im Camp in der Halle nebenan unterwegs. Dort finde ich Freunde, Menschen, die vor ein paar Monaten an weit entfernten Orten ein Leben führten, von dem ich mir keine Vorstellungen machen kann. Wir verstehen uns, weil es uns ähnlich geht. Wir haben kein Zuhause. Ich verbringe viel Zeit mit den Jungs. Tagsüber habe ich zu tun. Ich bin morgens der Erste und abends der Letzte in der Halle. Danach weiß ich nicht, wohin. Doch zum ersten Mal seit sehr langer Zeit sage ich, dass ich obdachlos bin. Es ist eine Befreiung, genauso wie dieser Ort.

Der Hallenmeister lässt mich in seinem Büro schlafen. Bevor ich schlafen gehe, bringt er mir immer Essen aus der Kantine. Er verbringt die Nacht in der Halle nebenan. Morgens um halb sieben kommt er rum, kurz bevor er abgelöst wird. Dann geht er mit mir in die andere große Halle. Dort gibt es ein Badezimmer mit Dusche. Ich bin kurz vor 7 Uhr frisch und bereit für den neuen Tag. Ich verlasse die Messe kaum noch. Höchstens am Abend sitzen wir auf den Treppen zum Südeingang der Messe beim Tschaikowski-Platz. Die Treppenstufen sind voller Menschen, die sich kennenlernen. Das Karoviertel ist unsere Nachbarschaft geworden.

Ich liege alleine in einer achttausend Quadratmeter großen Messehalle voller Klamottenberge. Und hundert Meter neben mir, in der nächsten Halle, liegen tausenddreihundert Menschen in einer großen Halle mit ihrem letzten Hab und Gut. Wir schlafen alle auf grünen Feldbetten.

Ameen

Ich lerne einen besonderen Menschen kennen, jemanden, von dem ich ebenfalls sage, er ist mein Bruder. Ich hätte nie gedacht, dass ich jemals so viele neue Freunde finde, die aus Ländern kommen, von denen ich nicht einmal wusste, dass es sie gibt. Ameen kommt am Hauptbahnhof an. Wir begegnen uns in der Wandelhalle. Er will weiter nach Schweden. Der Zug fährt am nächsten Morgen ab. Ich nehme ihn mit an den Hafen, wir sitzen auf einer Bank und lauschen den Motoren und großen Maschinen auf der anderen Seite, blicken auf die gelben Lichter. Ich zeige ihm mein Zuhause. Er verliebt sich in den Hafen, in Hamburg. Er erzählt, dass er in Syrien Maschinenbau studiert hat, bevor er ins Gefängnis geworfen wurde. Ameen kommt aus Derisol, einer Stadt, die Assad verbunden ist. Er demonstrierte gegen die Staatsmacht, und ihm wurden daraufhin absurde Dinge vorgeworfen, bis hin zu versuchtem Mord.

Man nahm ihn auf dem Campusgelände fest. Er saß über vier Wochen in einer kleinen Zelle, mit so vielen anderen, dass sie sich quetschen mussten. Sie wurden an Ketten gehängt und baumeln gelassen. Man schmiss ihnen Essen ins Gesicht. Weil der Hunger so groß war, versuchte er, noch Stücke davon zu erwischen, um irgendwie Nahrung aufzunehmen. Nach einem Monat war die Folter vorbei. Ameen kam frei. Er entschloss sich, das Land zu verlassen. Die Flucht. Ich habe viele Geschichten über die Route gehört. Keiner war schneller an seinem Ziel als Ameen. Gerade mal zwei Wochen hat er gebraucht.

In der Ruhe liegt die Kraft, sagt er mir. Die meisten eilen und rennen in jede Richtung. Sie wollen nur so schnell wie möglich weiter. Bei der Eile wird nur wenig nachgedacht. Ameen nahm sich Pausen. Dachte in Ruhe über seine nächsten Schritte nach und versuchte, schlau zu agieren. Seine Gruppe trennte sich von ihm, weil sie glaubten, er würde sie langsamer machen. Als Ameen in Deutschland ankam, hielt er immer noch Kontakt zu Leuten, mit denen er die Reise antrat – und sie waren erst bei der Hälfte der Strecke angelangt.

Wir sitzen in Hamburg am Hafen und schauen auf den Hafen.

Hier will er sein Studium beenden. Das sagt er mir am Abend. Wir verbringen die Nacht bei einem Freund, der uns sein Zimmer überlässt. Wir teilen uns ein Bett. Wir rauchen und hören Musik. Ich will, dass er mir seine Lieblingsmusik anmacht. Ich muss es zugeben, ich bin mir sicher, dass gleich etwas mit Gedudel und orientalischen Klängen kommt. Ich bin offen, aber es ist nicht meine Musik. Ameen macht Hip-Hop an. Dann erzählt er mir, wie er in Syrien gelebt hat. Es hört sich genauso an, als würde ich mit einem meiner Freunde von hier sprechen. Studieren, feiern, verlieben. Da ist nichts anders.

Wir nennen uns aus Spaß „der Obdachlose" und „der Refugee". Was für Bilder an diesen Wörtern haften, doch wir sehen uns nicht so. Wir wollen mit Stempeln nichts zu tun haben. Ameen und ich verbringen das ganze Wochenende zusammen in der Wohnung des Freundes, sie liegt nur ein paar Gehminuten von den Messehallen entfernt. Ich nehme Ameen mit, er hilft beim Packen der Bestellungen.

Ameen muss sich an der Zentralen Erstaufnahme in Harburg

anmelden, um eine Unterkunft zu bekommen. Hier werden alle Geflüchteten, die in Hamburg ankommen, mit Bild und Fingerabdrücken registriert. Dort bleibt man nur kurz, bevor es per Transfer weitergeht. Es ist schön, dass Ameen in Hamburg bleiben will. Entscheiden tun das die Verteilungssysteme Easy und Königsteiner Schlüssel. Es kann sein, dass man in eine Flüchtlingsunterkunft in einem anderen Bundesland transferiert wird.

Die letzten Tage waren besonders. Ich habe einen Bruder im Geiste gefunden, und so wollen wir auch immer in Kontakt stehen, egal wohin unsere Reise uns bringt. Wir werden uns nicht aus den Augen verlieren und für den anderen da sein. Ameen sagt, er steigt in den Bus und wird sich einfach schlafen legen bis zum Ziel. Dort, wo er ankommt, beginnt dann sein neues Leben. Wir verabschieden uns. Wir nehmen uns in die Arme.

Ich gehe zurück in die Kleiderkammer. Ich bin glücklich, so einen tollen Menschen gefunden zu haben, und traurig, ihn vielleicht wieder verloren zu haben. Zu der Zeit gibt es einfach keine Garantie für nichts, und Menschen, mit denen du an einem Abend noch am Tisch gelacht hast, werden am nächsten Tag vielleicht Hunderte Kilometer weit weggeschickt. Es ist nicht fair. Mein Handy klingelt. Ameen ist dran. Er sagt, der Bus habe gerade wieder angehalten. Der Bus ist in kein anderes Bundesland oder in eine andere Stadt gefahren, sondern ist in Hamburg geblieben und ausgerechnet in die Messehalle gekommen, in der ich arbeite. Was für ein unglaubliches Glück, welche Freude. Wir verbringen jeden Tag gemeinsam, wir teilen alles. Unsere Klamotten, Essen, Handy, Geld, einen Schlafplatz.

Inzwischen schlafe ich nicht mehr im Büro des Hallenmeisters. Ich verstehe mich so gut mit den Leuten von drüben, dass sie mich zu sich einladen. Nun sind es tausenddreihundertundein Mensch in der Halle B6. Sie ist mit Bauzäunen in drei Blöcke unterteilt: den Familienblock, einen Frauenbereich und einen für die Männer. Die Männer teilen sich meist auch nach ihren Nationalitäten auf.

Nour ist der erste geflüchtete Mensch, dem ich dort begegne. Er kommt aus Syrien. Wir verstehen uns sofort gut. Er bringt mir ein bisschen Arabisch bei, und ich helfe ihm beim Deutsch. Ich bin oft in seiner Parzelle. Ich laufe wie alle anderen in Flip-Flops herum. Ich gehe wie alle anderen auf die Dixie-Klos. An meinem ersten Abend sitze ich mit knapp zwanzig Männern im Kreis. Es ist das erste Mal, dass ich von Herzen frei tanze und klatsche. Ich lausche den Rhythmen, und ich höre die Sehnsucht in ihren Stimmen, während sie ihre Lieder singen. Ich denke, ich kann sie verstehen, weil wir Ähnliches suchen.

Es ist eine besondere Nacht. Wir gehen schlafen. Wir liegen mit sechzig Leuten in einer Parzelle auf unseren Feldbetten. Ich merke schnell, warum wir so viel Ohropax austeilen. Es ist unfassbar laut. Die Halle hat zwei große Tore, die nachts geöffnet bleiben. Zehn Meter hoch und zehn Meter breit. Es ist, als ob man neben der Straße schläft. Das bin ich ja noch gewohnt. Aber tausenddreihundert Menschen in einer Halle: Kinder schreien. Frauen schreien. Männer schreien. Es gibt keinen Zeitpunkt, an dem es leise ist oder dunkel wird. Ich laufe um zwei Uhr nachts herum. Es gibt einen Bereich mit einigen Bierbänken und Tischen. Die Männer, die dort sitzen, lernen alle Deutsch. Mitten in der Nacht. Omar lacht mich an, dann liest er mir laut Zahlen vor: 21, 22, 23. Er hat noch einen witzigen Akzent, und wir fangen alle an zu lachen. Ich bringe von der anderen Halle jeden Tag Spiele mit. Bald sitzen wir alle an den Tischen und spielen Schach oder Mikado.

Es sind so viele Menschen aus so vielen Ländern, ich fühle mich jeden Tag sicher, nur ein einziges Mal spüre ich Gefahr.

Es gibt auch Gewalt. Täglich wird gekämpft. Doch daran ist die Hilflosigkeit schuld, die Verunsicherung schuld, und das lange Warten ohne eine sinnvolle Beschäftigung. Trotzdem, der Druck, der auf allen lastet, ist permanent zu spüren. Ohne Aufgabe fällt den Menschen die Decke auf den Kopf. Die Stimmung kann jederzeit kippen.

Wir gehen zu den Tischen und sehen, dass ein Streit im Gange ist. Ein Mann schlägt einem anderen ins Gesicht. Er fällt zu Boden, genau vor meine Füße. Es vergehen nur Sekunden, und eine Menschenmasse bildet sich um uns herum. Die Luft ist wie elektrisiert. Ich kann die Anspannung spüren. Ich höre so viele Sprachen um mich herum schreien und brüllen. Es ist so laut, und die Stimmung heizt sich immer mehr auf. Ein Schlag, und alles eskaliert.

Ich höre die Security neben mir schreien: „Stichwesten holen!", und sehe sie in ihre Räume rennen. Einige Männer haben die Lattenroste aus den Betten gerissen und sich damit bewaffnet.

Der Mann liegt vor mir, ich hoffe nur, dass nicht darüber diskutiert wird, ob ich der Schläger war. Das hätte schlecht ausgehen können. Die Polizei rückt mit Hunden in die Halle ein und verhindert eine Eskalation. Wir tragen den Mann in seine Parzelle. Ich lege ihn in die stabile Seitenlage. Seine Frau und die kleine Tochter weinen fürchterlich. Wir warten auf den Krankenwagen.

In diesen Wochen kann ich viele verschiedene Seiten sehen und miterleben. Ich treffe Menschen, die vor unseren schlimmsten Albträumen fliehen. Die Hoffnung haben auf ein besseres Leben. Die dankbar sind, hier sein zu dürfen, und bereit sind, hier neu anzufangen. Sie möchten arbeiten und sich eine Zukunft aufbauen. In ihrer Heimat gibt es keine Perspektive. Sie wollen lernen und sind interessiert an unserer Kultur. Sie wollen Frieden finden.

WG

In der Kleiderkammer lerne ich Marcel kennen. Er ist einer der intelligentesten Menschen, die ich kenne. Er ist Genie und Wahnsinn in einem. Wir verstehen uns sofort. Er wohnt in einem riesigen Loft beim Berliner Tor in einer WG mit acht Leuten. Alles gute Menschen, mit denen ich eine tolle Zeit habe. Ich werde dort herzlich aufgenommen. Marcel verreist für einen Monat. „Mein Bett ist dein Bett", sagt er zu mir. Nach fast zwei Jahren habe ich wieder einen Schlüssel in der Hand. Ich verbringe die ersten Nächte alleine in der Wohnung. Ich kann Ameen nicht im Camp zurücklassen. Ich nehme ihn mit in die WG. Auch Ameen ist hier willkommen. Wir schlafen jetzt zu zweit in Marcels Bett. Vor dem Einschlafen hören wir immer zwei Lieder, „Blessed" von Schoolboy Q und „Alright" von Kendrick Lamar. Wir sind gesegnet. Das Leben ist ein wunderschöner Kampf. Wir sind uns sicher, wenn wir an uns glauben, dann wird alles gut. Das sagen wir uns jeden Abend.

Ameen und ich kennen beide das Liegen in den unbequemsten Situationen, auch Ameen schläft in der Mumienposition. Damit spart man den meisten Platz. Wenn wir morgens wach werden, müssen wir erst mal lachen. Seite an Seite liege ich da mit meinem vollbärtigen Freund, nur Zentimeter zwischen uns, wenn ich einen guten Morgen wünsche. Ameen und ich sind vollwertige Mitglieder der WG. Nur dass wir keine Miete zahlen und uns auch an der Haushaltskasse nicht beteiligen können. Wir können uns nehmen, was wir brauchen, es stört niemanden. Die WG hat sich entschieden, uns zu helfen, mit allen Mitteln. Marcel kommt nach einem Monat von seiner Reise zurück. Wir können bleiben. Das Wohnzimmer ist so groß wie eine Wohnung. Es gibt eine gemütliche Sofaecke und ein Hochbett mitten im Wohnzimmer, wenn einer der anderen woanders unterwegs ist, können wir immer mal in einem Zimmer schlafen.

Wir sind über Monate dort geblieben, bis die WG ausziehen musste. Mit einem krachenden Fest verabschieden wir uns alle voneinander. Ameen findet auf der Feier seine Freundin. Er zieht mit ihr zusammen. Für mich geht es erst einmal wieder raus.

Hanseatic Help

Aus der „Kleiderkammer Messehallen" wird der Verein Hanseatic Help. Ich beteilige mich seit vielen Monaten bei dieser Organisation, und jetzt habe ich sie mitgegründet. Obdachlos und Vereinsmitgründer.

So wird es möglich, weitere Projekte zu starten. In der Kleiderkammer der Messehalle werden Spenden für Geflüchtete und andere Bedürftige gesammelt. Vieles wird dringend gebraucht, einiges nicht ganz so dringend. Es kommen Abendkleider, ultrakurze Miniröcke, knappe Tops – und High Heels. Tausende davon. Schon im August wurde darauf hingewiesen, dass keine hochhackigen Schuhe benötigt würden. Viele Menschen sind nur noch mit dem, was sie am Körper trugen, hier angekommen. In zerfetzten Jeans und löchrigen Schuhen.

Es wird Winter, und eine Jacke hilft in dieser Zeit einfach mehr als das Paar Stöckelschuhe. Im Dezember lagern auf Dutzenden von Paletten trotzdem Unmengen High Heels und Klamotten der Kategorie „too sexy". Worunter auch „too schrill" oder „too skurril" fällt. Allmählich bekommen wir selbst in der riesigen

Messehalle ein Lagerproblem. Wir haben eine Idee. Wenn wir die High Heels mit den „too sexy"-Sachen kombinieren, haben wir ein super Sortiment für einen Secondhand-Shop. Zusammen mit Marcel laufen wir durch unsere Nachbarschaft und finden im Karoviertel den perfekten Laden, für sechs Monate können wir ihn günstig mieten. Zwei Wochen lang wird geschweißt, gebohrt und gehämmert. Es soll ein besonderer Ort werden. Jeder, der hier reinkommt, soll sich wohlfühlen. Unser Motto: „Hacken für Jacken".

Die Idee ist einfach. Niemand braucht einen Schein vorzuzeigen, wie in vielen Sozialkaufhäusern. Hier kann man einfach einkaufen. Man kann Sachen tauschen: ein Paar robuste Herren-Winterstiefel gegen ein Paar rote Damenstiefeletten mit 12-Zentimeter-Absatz, einen warmen Pullover gegen eine 70er-Glitzerbluse. Auf dem Tresen steht eine Spendendose. Alle Erlöse investieren wir in Artikel, die wirklich benötigt werden. Der erste Monat läuft so gut, dass wir mit unserem Verein über tausend Winterschuhe, Mützen und Handschuhe kaufen können.

Ich treffe eine Mutter mit ihren drei Kindern. Sie haben nicht viel, doch bei uns ist das egal. Gefällt der Tochter etwas, braucht die Mama keine Sorge zu haben, dass sie den Bügel wieder zurückhängen muss, weil das Teil viel zu teuer ist. Sie sind glücklich und bedanken sich herzlich. Genauso fröhlich begegne ich einigen afghanischen Frauen im Laden. Sie haben Freude daran, einfach ungezwungen shoppen gehen zu können. Die Frauen kommen aus dem Krieg, hier leben sie in riesigen Camps zwischen vielen fremden Männern. Das ist bestimmt eine schwierige Situation. Es tut gut, die Mädels zu sehen, wie sie sich gegenseitig Sachen hinhalten und dabei lachen und einfach mal eine Minute Zeit für sich haben. Dann lerne ich Abdul kennen, ein Iraker. Seine Familie hat ihn ausgestoßen. Er ist ein herzensguter Mensch. Lieb und bemerkenswert höflich. Ich glaube, ich kenne niemanden, der tiefer unten ist als er, und trotzdem wünscht er den Menschen um sich herum alles Gute. Abdul raucht Heroin. Er lebt mit fünf anderen Leuten, die ihn ständig verprügeln und bestehlen, in einem Zimmer. Er macht täglich seine Runde durch die Stadt. Dabei führt sein Weg auch bei uns am Laden vorbei.

Bei uns kann er immer eine Pause machen, mal mit jemandem reden. Er hat keine Zähne mehr, und man versteht ihn nur schwer, aber wir beide bekommen das gut hin. Ein Paar der Winterstiefel, die wir mit den Erlösen besorgen konnten, stehen auf dem Tresen. Abduls Augen glänzen, als ich ihm sage, dass dies Größe 45 ist und ihm die Stiefel bestimmt passen. Erst vor Kurzem hatte er gefragt, ob wir ihm ein neues Paar Schuhe besorgen können. Die Schuhe passen tatsächlich. Das macht mich glücklich.

Als ich ihn das letzte Mal sehe, erzählt er mir davon, dass er überall blutet, weil er sich geschnitten hat. Er zeigt mir stumpfe Rasierklingen und dann seine Fingernägel. Er hat wirklich mit der Klinge seine Nägel geschnitten. Das macht mich unfassbar traurig. Ich mache den Laden zu und gehe los, um ihm eine Nagelschere zu kaufen.

Weg von der Straße.
St. Pauli, Dezember 2015

Am 21. Dezember 2015 ist unsere Hanseatic Help-Weihnachtsfeier in den Fanräumen des Millerntorstadions. Wir feiern bis morgens, dann räume ich noch mit Anna und Ameen den ganzen Vormittag auf. Wir sortieren Hunderte Flaschen sortenrein in die Kisten. Schleppen sie zum Laster. Wir tragen Tische herum und sind dabei immer noch gut angeschickert von der langen Nacht. Um 17 Uhr sind wir fertig. Wir sammeln die Essensreste ein und geben sie in der Münzstraße und im Bieberhaus am Hauptbahnhof ab. Ich bin völlig fertig, und es wird bereits wieder dunkel. Ich lege mich auf das Sofa in der WG. Ich habe noch eine Verabredung. An Weihnachten gibt es ein leckeres Weihnachtsessen und Geschenke für Obdachlose. Eine tolle Aktion in der Bullerei von Tim Mälzer. Zwei Tage vorher werden die freiwilligen Helfer zum Essen eingeladen. Ich wollte nirgends mehr hingehen, nur noch liegen bleiben. Ich hatte am Abend davor etwas darüber gesagt, wie ich früher oft nicht rausgegangen bin, jetzt aber den Mut dazu gefunden habe, und dass sich mit jedem Überwinden neue Chancen bieten. Ich rufe mir meine Worte des gestrigen Abends in den Kopf und will danach handeln. Ich raffe mich auf. Völlig kaputt komme ich in der Bullerei an. Ich dachte, es sei ein Helfertreffen. Solche Treffen finden meistens in kleinen Räumen statt, ein paar Tische und Stühle, Snacks und Softdrinks. Bei Tim im Studio kommen nette Damen und reichen Champagner. Es gibt Hummer. Ich habe vorher noch nie Hummer gegessen und muss sehr mit meiner Gabel kämpfen. Ich versuche natürlich, nicht so auszusehen.

Als Tim erfährt, dass ich auf der Straße lebe, bietet er mir an, jederzeit bei ihm essen zu können. Ich will nicht länger nur rumsitzen. Chancen muss man ergreifen. Also mache ich die Runde. Ich spreche mit einigen Leuten und erzähle dabei einfach die Wahrheit. Zwei Wochen später bekomme ich eine E-Mail. Am Abend in der Bullerei waren auch Leute von einer Stiftung.

Die Stiftung „Dekeyser & Friends" des Unternehmers Bobby Dekeyser will mir helfen. Wir treffen uns in der Bullerei wieder.

Dort sind wir uns vor ein paar Wochen zum ersten Mal begegnet. Ich habe mit vielen Leuten geredet an dem Abend. Mit Bobby gesprochen zu haben, daran erinnere ich mich nicht.

Der ganze Tag läuft mies. Am Vormittag fällt mir der Laptop vom Schoß und geht kaputt. Ich habe ihn erst vor Kurzem zum Schreiben geschenkt bekommen. Etwas später ist mein Portemonnaie weg. Ich habe es kurz auf den Tresen gelegt als ich Tee bestellt habe. Darin war mein restliches Geld. Es war ein kalter regnerischer Tag. Kurz bevor ich zur Bullerei gehen wollte, traf ich auf einen Bekannten, der in der Nähe wohnt. Ich konnte bei ihm kurz unter die Dusche springen und meine nassen Sachen auf die Heizung legen. So konnte ich losgehen.

Bobby war mit seiner Familie und einigen Mitarbeiterinnen seiner Stiftung da. Sie saßen an einem langen Holztisch. Bobby Dekeyser war früher Profifußballer, seine Karriere musste er verletzungsbedingt früh an den Nagel hängen. Danach wurde Bobby ein erfolgreicher Unternehmer. Dedon heißt seine Marke und die Möbel, die seine Firma herstellt, stellen sich Stars und Berühmtheiten auf der ganzen Welt in ihren Garten. Damit ist er sehr reich geworden.

Mit der Stiftung möchte er etwas zurückgeben. Die Stiftung hat viele Projekte. In Indonesien wurde ein ganzes Dorf umgesiedelt, die Menschen haben zuvor auf Müllbergen gelebt. Statt Häusern hat man dort eine Recyclinganlage aufgebaut. Die Menschen, die woanders jetzt ihr eigenes Dach über den Kopf hatten, bekamen so direkt Arbeit, indem sie den Müll verarbeiteten. Statt im Müll zu leben, brachte die Müllbeseitigung nun Arbeitsplätze und Löhne in das Dorf.

Bobby hörte von meiner Geschichte. Dass ich draußen schlafe und trotzdem anderen helfe. Jetzt wollte er mir helfen und mit seiner Stiftung für mich einen Weg raus aus der Obdachlosigkeit finden.

Ich habe seine Worte verstanden, aber richtig wahrnehmen konnte ich das nicht. Was sollte das bedeuten? Ich war mit meinem Blick schon draußen und sah, wie der Wind die Schilder der Supermärkte und Restaurants in der Straße hin und her wehen ließ und sie gegen die geschlossenen Tore schlugen. Es war heftiger Wind und ich wusste nur, dass, so schön hier auch alles war, ich gleich wieder da raus müsste.

Die Stiftung will eine Wohnung für mich finden und für das Erste meine Miete bezahlen. Ich soll auf die Beine kommen. Ich bekomme eine Chance.

Wir sind vor der Tür und verabschieden uns, da hält Caro, die Tochter von Bobby mich an. „Wir wollen auch nicht, dass du jetzt noch eine Nacht draußen schlafen musst. Wir haben besprochen, dir ein Hotel zu besorgen, bis wir eine Wohnung für dich gefunden haben."

Ich ziehe noch am selben Abend in ein Hotelzimmer in der Superbude ein. Ich bin von der Straße weg.

Am 1. April ist es dann so weit: Ich bekomme die Schlüssel zu meiner eigenen Wohnung. Eine weitere Tür öffnet sich.

Hilfe für einen Fremden

Ein fremder Mann liegt auf dem Boden. Ich kann sein Gesicht nicht sehen. Er liegt auf einem meiner Lieblingswege, auf einer Allee in Hamburg-Altona. Er kriecht auf allen vieren durch den aufgeweichten Blättermatsch. Es regnet in Strömen. Die anderen

Passanten eilen vorbei. Manche Menschen blenden komplett aus, was sie sehen. Andere fragen, ob er Hilfe benötigt. Beim ersten „Nein" brechen sie ihre Bemühungen ab. Vielleicht sind sie sogar froh über diese Antwort.

Ich bücke mich zu dem Mann hinunter, um ihn anschauen zu können. Ich glaube, das Erste, was man tun sollte, ist, jemandem auf Augenhöhe zu begegnen. Stimmen, die von oben aus der trüb verregneten Sicht ins Gehör gelangen, nimmt man weniger wahr. Ich biete ihm meine Hilfe an. Ich sage ihm, dass ich nicht möchte, dass er auf dem Boden krabbelt. Er antwortet, dass er nicht mehr gut laufen kann, und als Nächstes sehe ich seinen Gehstock.

„Nein, nein, nein", er lehnt meine Hilfe zunächst ab. Dann willigt er ein, dass ich ihn ein kleines Stück begleiten darf. Ich helfe ihm auf. Er ist nass und müffelig. Helfen kostet manchmal Überwindung, in jeglicher Hinsicht. Ich halte ihn fest, und er wiederholt immer wieder, dass ich ihn nicht loslassen soll. Ich frage ihn nach seinem Namen.

Dann sage ich: „Keine Sorge, Bernd, ich hab dich."

Nach ein paar Minuten sind wir ein paar Meter weiter auf einer Bank angekommen. Zigarettenpause. Schon ist er nicht mehr der fremde Mann, sondern Bernd, mit stechend blauen Augen und jugendlichem Humor. Wir quatschen.

„Lebst du auf der Straße?", frage ich, erkundige mich nach seiner Platte, einer Unterkunft.

Bernd kramt einen Schlüssel der Christianskirche raus, dort könne er in einem Häuschen bleiben. „Das ist noch weit", sagt er.

Zum Glück sind wir in Altona. In der Nähe, an der Großen Elbstraße, ist der Standort von unserem Verein Hanseatic Help. Dort lagern wir Spenden, die wir für Bedürftige sammeln. „Warte hier", sage ich zu Bernd.

In der Lagerhalle angekommen, mache ich mich auf die Suche nach einem Rollstuhl und werde fündig. Ich trage den Rollstuhl die Treppen bis zum Elbberg hinauf, der Regen prasselt auf mich herab. Als ich mit dem Teil um die Ecke komme, lacht Bernd schon laut und fragt:

„Hat das auch einen V8-Motor?"

„Selbstverständlich, und wenn du dich jetzt reinsetzt und deine Füße auf das schwarze Gaspedal stellst, fährt der Wagen dich bis zu deiner Tür." Bernd fragt, ob ich ihn vielleicht noch einmal durch den Park fahren kann.

Leider ist der Rolli nicht ganz fahrtüchtig. Die Reifen sind platt, und ich drücke Bernd mehr durch die Gegend, als dass ich ihn rolle. „Helfen kostet Kraft", denke ich mir, während mir trotz der Kälte der Schweiß von der Stirn tropft. Als wir in Richtung Kirche kommen, erhalte ich noch die Info, dass der restliche Weg etwas schlammig wird.

„Kein Problem", sage ich, „wir haben auch Allradantrieb."

Es sind zwei Stunden vergangen, als wir vor dem Kirchenhaus stehen und den Schlüssel im Schloss umdrehen. Doch nichts passiert. Man kann abschließen, aber die Tür lässt sich nicht öffnen. Wir versuchen, die Pastorin zu erreichen, doch erfolglos.

„Meine Schlafsachen sind da drin", sagt Bernd.

Also geht es für mich noch einmal zurück an die Elbe, in unsere Halle. Dort besorge ich ein Feldbett, eine Wolldecke und einen Schlafsack. Ich schmiere Brote und koche Tee. Vollgepackt kehre ich zur Kirche zurück. Drei Stunden sind vergangen, als ich Bernds Bett im Kircheneingang aufbaue und wir eine letzte Kippe rauchen. Bernd und ich, wir reden über Gott und die Welt.

Spüler

Es geht schnell mit dem ersten Job in der neuen Wohnung. Ich mache mir Sorgen, dass es wegen meiner langen Haare und des Vollbarts Probleme geben könnte, als ich zum Vorstellungsgespräch gehe. Doch ich will gar nicht in den Service, sondern in die Küche. Mein Arbeitsplatz ist fest, aber der Einsatzort wechselt. Mein Arbeitgeber ist eine Agentur, die uns zu verschiedenen Veranstaltungen schickt, zum Beispiel ein „Event" in der Hafencity von Hamburg, im neuen Hafen. Es ist ein schwüler Abend, als ich zu diesem schicken Laden fahre, gut eingerichtet mit einer schönen Terrasse und weißen Möbeln. Die Sonne geht in einem lila Schleier über der Elbe unter. Für mich ist es der einzige Moment, den ich von der Party mitbekomme, meine Arbeit läuft abseits des Spektakels. Ich ziehe die Schürze an und streife die Handschuhe über, los geht's. Ich stehe an einer großen Spüle, in der man problemlos Kinder baden könnte. Neben mir arbeiten zwei weitere Spüler. Wir machen nichts anderes, als die Teile abzuwaschen, die zu groß für die Maschine sind und sofort wieder gebraucht werden. Wie zum Beispiel die Bleche fürs Buffet. Die Ansagen kommen knapp und deutlich, es gibt klare Hierarchien, und wir Aushilfen sind für den Rest des Küchenpersonals alle gleich und auswechselbar. Ich stehe als Spüler ganz unten. Meine Arbeit ist einfach, und ich habe festgestellt, dass Teller waschen meditativ wirken kann. Ich nutze die Zeit und die routinemäßigen Abläufe, um nachzudenken, vor allem über das Glück. Ich arbeite wieder, und darum bin ich auch in diesem Moment glücklich. Ein Unterschied zu manchen Kollegen, die viel Frust und Dampf ablassen. Sie können ihre Arbeit nicht leiden, zumindest klingt das so, wenn wir uns unterhalten. Sie ist für sie eine Notwendigkeit. Ein weiterer Grund, sich aufzuregen. Ich hingegen empfinde meinen Job als Aufstieg. Für mich bedeutet die Chance, arbeiten zu können, einen großen Schritt nach vorne und ein großes Glück. Ich drehe die Teller beim Waschen und tue so, als ob ich Vinyl-Platten auflege. Es kommt nicht auf die Arbeit an, sondern was ich daraus mache, denke ich mir. Ich kenne viele Leute, die sagen: Abwasch, vor allem die aufgequollenen Essensreste, die im Abfluss landen, sind widerlich. Ich sehe nichts Ekliges. Ich sehe nur Essen, und denke an Hunger. Eine Menge Nahrung wird weggeschmissen. Nahrung, die ich und viele andere bei Hunger problemlos gegessen hätten. Auf der Straße lernt man, nicht wählerisch zu sein. Wie wäre es, wenn man das Essen nicht wegwirft, sondern an eine wohltätige Organisation weitergibt, die es austeilt? Solche Gedanken mache ich mir, während ich Blech nach Blech wasche. Es gibt immer etwas zu tun, und Pausen werden nur wenige eingelegt. Stunde um Stunde vergeht, je später es ist, desto ruhiger wird es. Endlich Feierabend. Als ich nach draußen trete, sehe ich die Elbe im ersten Licht, ein neuer Tag bricht an.

Schule.
Hamburg, Hammerbrook, Januar 2017

Ich schaue aus dem Fenster der Bahn. Ich sehe die Container, in denen ich noch vor Kurzem übernachtet habe. Nur ein paar Hundert Meter vom Winternotprogramm entfernt steht das rote Gebäude des Bildungszentrums Grone. Ich kenne das Haus schon lange. Hier habe ich selbst in Maßnahmen des Jobcenters gesessen und bin aus jeder rausgeflogen. Ich habe mich geschämt, in so einer Jobcenter-Maßnahme zu stecken. Ich erzählte niemandem davon. Ich hatte auch nie das Gefühl, dass ich an diesem Ort weiterkommen würde. Er spiegelte eher wider, in welcher Situation ich mich befand. Ganz unten. Erst wenn man einen Bezug zu Menschen herstellt, echtes Vertrauen aufbaut, kann man Anstöße zu einer Veränderung geben.

Jetzt bin ich zurück. Ich erkenne die Flure und Räume wieder. Es ist derselbe Geruch im Haus. Die Kantine nebenan, wo ich schon vor über zehn Jahren Mittag gegessen habe. Damals bekam ich immer eine Lebensmittelmarke für das Essen in der Kantine. Heute kann ich mein Mittagessen bezahlen und noch Trinkgeld geben. Ich arbeite im dritten Stock. Dort gibt es ein Programm, das sich HASA nennt; man kann seinen Hauptschulabschluss nachholen. Ich habe einen neuen Job. Ich unterrichte Mathe und Englisch, als Honorarkraft.

Mein Lehrer sagte damals in der neunten Klasse zu mir, es würde niemals etwas aus mir werden. Das war der Moment, an dem ich beschloss, bis zum Abi durchzuziehen. In den folgenden sechs Jahren ging es von der Hauptschule bis aufs Wirtschaftsgymnasium. Ich wollte mir nie mehr einreden lassen, dass ich etwas nicht schaffen kann.

Abschluss und Anfang

Für mich hat alles mit dem Hauptschulabschluss begonnen. Denn er muss kein Abschluss sein, sondern kann einen Anfang bedeuten. Ich habe neuen Spaß am Lernen bekommen. Ich habe Lust, Sachen zu verstehen, die ich bisher nicht gut konnte. Ich gucke mir Aufgaben an, und plötzlich scheint alles logisch zu sein. Dabei gehe ich nicht den akademischen Weg, sondern versuche, über das Denken die Lösung zu finden. Das versuche ich zu vermitteln.

Bei den Schülern funktioniert das gut. Vor allem Schüler, die Probleme mit Mathe haben, scheinen es leichter zu verstehen, wenn sie einen Bezug herstellen können. Ich versuche, es einfach zu erklären, anhand von Beispielen aus dem Leben. Nebenbei erzähle ich von mir. Ich möchte meine Schüler motivieren und inspirieren. Eine Klasse hatte vor Kurzem Prüfungen. Ein Schüler kam zu mir und sagte, er habe zwei Wochen durchgelernt, weil ich ihm den Mut gegeben habe, an sich zu glauben. Er hat bestanden und möchte jetzt bis zum Abitur weitermachen.

Ich weiß noch genau, was meine Lehrer gesagt haben, deshalb gebe ich den Schülern etwas anderes mit: Ihr entscheidet heute, was in Zukunft passiert. Alles, was ihr euch in eurem Kopf vorstellen könnt, ist möglich. Ihr könnt alles werden – und jetzt damit beginnen. Denn du entscheidest heute, was du morgen bist.

Die Reise war lang bis hierher. Ich wollte immer unterrichten. Jetzt habe ich die Chance bekommen. Ich habe immer daran geglaubt. Jetzt stehe ich vor der Klasse an der Tafel. Den Menschen, die an mich glauben und mir diese Möglichkeit geben, bin ich so dankbar. Für mich ist das kein Beruf, sondern eine Berufung.

Die ganz normalen Dinge.

Ich schreibe diese Zeilen auf meinem Balkon. Eigentlich würde ich gerne hier Blumenkästen stehen haben, und etwas zum Sitzen. Ich benutze den Balkon kaum, ähnlich wie die Küche. Es ist ein Abstellpatz. Schon komisch, ich gucke von hier auf den Mondschein, in die Bäume. Ein Ausblick, als würde ich unter freiem Himmel schlafen. Doch ich gucke nach draußen in die Nacht, von meiner Wohnung aus. Ich kann hineingehen, die Lampe anknipsen und mich ins Bett legen.

Es sind einfache Sachen, die ich wertschätze. Mich jederzeit waschen können. In den Boxershorts schlafen. Das ist für mich Luxus, den ich genieße. Ich muss nicht nach einem sicheren Ort suchen, ich weiß, wohin. Alles, was ich brauche, ist hier. Ich wohne jetzt in Eimsbüttel. Ein schöner Stadtteil, in dem ich mich unbeschwert bewege. Ich kenne dieses Viertel gut. Ich habe hier schon einmal gelebt. Vor zehn Jahren zog ich mit Konrad und Max ein paar Straßen weiter in den Weckmannweg. Jeder Gang kommt mir so vor, als wäre ich ihn bereits gelaufen. Die Wege sind die gleichen, doch vieles hat sich geändert.

Ich habe jetzt eine Wohnung, ich möchte daraus ein Zuhause machen. Das ist schwieriger, als es sich vielleicht anhört. Seit fast zwölf Jahren habe ich keinen festen Wohnsitz gehabt; dass ich ein wirkliches Zuhause hatte, einen Ort, an den ich gehöre, ist noch viel länger her. Es ist nicht leicht, anzukommen.

Es dauert bereits über ein halbes Jahr und ich habe den Kühlschrank immer noch nicht angeschlossen. Dabei ist es nur ein Handgriff. Auf der Platte ist der Boden mein Kühlschrank. Ich kaufe immer noch nicht für mehrere Tage ein, sondern so, wie ich es von draußen gewohnt bin. Lebensmittel, die draußen gut lagern können. Neben Pizza gibt es Brot und Eierwaffeln. Ich habe kein Geschirr oder Besteck in den Schränken.

Ich benutze die Küche selten, wenn ich sie betrete, verlasse ich sie fluchtartig wieder. Ich schmeiße eine Pizza in den Ofen und hole sie zehn Minuten später wieder raus. Die Küchentür ist immer geschlossen. Genauso wie die Erinnerungen, die mit diesem Ort verbunden sind. Vielleicht kann ich sie irgendwann hinter mir lassen. In der Ecke steht ein schmales weißes Ikea-Regal, das schon bei meinem Einzug hier drinnen war. Es hat sechs Fächer. Als ich ankam, konnte ich gerade mal die Hälfte davon füllen. Der Rest blieb leer. Auf dem Boden liegt eine Matratze. Das Bett ist da, ich muss es noch zusammenbauen. Keine große Sache, aber ich zögere es hinaus. Wenn man so lange mit einem absoluten Minimum ausgekommen ist und nur von einem Tag auf den anderen gelebt hat, fällt es schwer, sich auf längere Zeiträume einzurichten.

Das erste Möbelstück, das neu dazukommt, ist ein Schreibtisch. Neben der Matratze war mir Schreiben am wichtigsten. Seit einer Weile habe ich ein Sofa und einen Spiegel. Auch nach über einem Jahr habe ich noch keinen Kleiderschrank. Ich bewahre Klamotten weiter in Taschen auf. Die Vergangenheit holt mich immer wieder ein. Es dauert noch, bis ich alles geregelt habe. Ich zucke immer noch zusammen, wenn es an der Tür klingelt, am Klingelschild ist immer noch der Name des Vormieters angebracht. Der Briefkasten ist mit meinem Namen beschriftet, immerhin. Doch es flattert immer noch böse Post ins Haus. Ich entleere den Kasten täglich, öffne die Briefe und antworte darauf. Ich arbeite daran, den Stapel kleiner zu machen. Ich bezahle Rechnungen. Ich gehe zum Schuldenberater. Mit ihm gemeinsam bewältige ich das Papierchaos der Straßenjahre, in denen ich nicht erreichbar war. Ich vereinbare Ratenzahlungen mit Gläubigern. Schulden. Ich spüre, wie vor allem diese alte Last schwer auf mir liegt. Schuldenfrei, das ist mein persönliches nächstes Ziel. Ich habe ein Pfändungsschutzkonto. Zum ersten Mal habe ich ein Gehalt überwiesen bekommen. Mein Arbeitgeber: Grone.

Die Summe meiner Sünden lässt sich in einer dicken Strafakte nachlesen. Ich war minderjährig, da wurde ich zum ersten Mal straffällig, es kamen reichlich Delikte dazu, vor allem wenn ich mit dem Rücken zur Wand stand. Ich habe meine Anklageschrift von der Staatsanwaltschaft zugestellt bekommen. Die Anzeigen sind aus den Jahren 2011 bis 2013. Seitdem ist nichts mehr hinzugekommen. Das wird so bleiben. Vor zwei Jahren sah ich täglich gegenüber der Messehalle die JVA, das Gefängnis. Immer wenn ich zur Halle B7 abbog, guckte ich auf die andere Straßenseite über den Stacheldraht und dachte mir, dass auch ich dort hinter Gittern sitzen könnte. Ich hatte immer die Wahl. Ich habe mich für den leichtesten Weg entschieden, es war eine Einbahnstraße ins Unglück. Das Gericht wird ein Urteil fällen. Die härteste Strafe ist es, mit seinen Taten zu leben. Die Vergangenheit lässt mich nicht ruhen, ich kann nicht einschlafen.

Die Straße im Kopf und noch nicht ganz angekommen. Aber ich mache Fortschritte. So gut wie noch nie. Es ist seltsam, auf der Straße war ich immer in Bewegung, hin und her, aber es hat sich nichts bewegt. Beschäftigt damit, zu überleben. Jetzt habe ich einen Ort, an dem ich bleiben kann, und damit kommen Dinge in Bewegung.

Ich stehe nicht mehr vor verschlossenen Türen. Türen sind offen, und ich kann hindurchgehen.

■■■

Die Raupe wächst alleine auf – ohne Eltern,
die sie aufziehen. Sie wächst auf in Dunkelheit,
umschlossen in einem Kokon. Sie ernährt und
konsumiert nur, was ihre Umwelt zu bieten
hat. Sie muss selbstständig lernen. Sie zieht aus
den wenigen Möglichkeiten den größten Nutzen,
um zu überleben, doch sie bleibt gefangen.
Der Schmetterling steht für Schönheit. In den
Strahlen der Sonne scheinen seine prächtigen
Farben. Der Schmetterling ist frei.
Die Raupe weiß nicht, dass sie zum Schmetterling werden kann.
Dabei trägt sie alle Eigenschaften und Talente
in sich.
Erst wenn die Raupe bereit ist, beginnt sie,
sich zu entfalten, und arbeitet daran, die Hülle,
die sie unterdrückt, aufzureißen.
Der Raupe wachsen Flügel, mit denen sie aus
dem Dunklen entbricht. Sie breitet ihre Flügel
aus und fliegt hinaus in das Licht.
Das erste Mal ist sie frei.
Der Schmetterling erreicht Orte, die für eine
Raupe unerreichbar sind.
Die Raupe und der Schmetterling sind komplett
verschieden. Sie sind ein und dasselbe.

Echt bleiben

ein Leben konnte nicht so weitergehen. Meine Geschichte wäre womöglich sonst schon vorbei. Es musste etwas passieren.

Ich wollte etwas anders machen. Jede Veränderung beginnt bei uns selbst, mit den Entscheidungen, die wir treffen. Damit fängt es an.

Mein Leben lang habe ich gelogen, denn ich habe mich für mein Leben geschämt.

Ich habe erkannt, dass mich niemand wirklich kennenlernen kann, wenn ich nicht wirklich erzähle, was wahr ist. Kein Mensch konnte wissen, wer ich bin.

Die Lügen, die ich anderen erzählte, wurden zu meiner eigenen Wahrheit. Ich habe mich also lange auch selbst belogen. Ich wurde mir selbst fremd.

Der erste Schritt zur Veränderung ist, die Wahrheit zu sagen. Ich bin ehrlich zu anderen und mir selbst geworden. Dadurch, dass ich nun endlich ehrlich zu mir war, konnte ich mich wieder kennenlernen. Ich fing an herauszufinden, wer ich bin. Ich bin mir selbst nähergekommen.

Ein weiterer wichtiger Grund warum sich vieles verändert hat, ist Gutes zu tun. Ich helfe wo ich kann. Ich habe mich entschieden nicht wegzusehen.

Wer Gutes tut, bekommt Gutes zurück. Das ist ganz sicher. Ich habe dadurch echte Freunde gefunden und fühle mich nicht mehr alleine. Ich habe Menschen getroffen, die mir eine Wohnung besorgt haben – weil ich den Mut gefunden habe, an diesem Abend in der Bullerei offen und ehrlich zu sein. Dadurch bin ich von der Straße gekommen. Leute haben mir Arbeit gegeben, obwohl ich nicht einmal ein Zeugnis vorlegen konnte, geschweige denn einen passenden Lebenslauf. Neue Menschen sind in mein Leben getreten, die mir eine Chance gegeben haben.

Wenn man ehrlich ist und Gutes tut, kann das zu nichts Schlechtem führen. Im Gegenteil. Diese Kombination bringt einen auf den richtigen Weg.

Die Wahrheit und das Gute sind zwei Schlüssel und sie öffnen die Tür zu einem selbst.

Ich habe aufgehört, mich mit anderen zu vergleichen. Ich war mein Leben lang damit beschäftigt, meinen Blick in unerreichbar weite Ferne zu richten. Im Grunde habe ich mein ganzes Leben am Existenzminimum und darunter gelebt. Ich hatte nichts.

Ich stand trotzdem vor den Schaufenstern und habe auf die teuersten Sachen geguckt. Ich habe gesehen, was der oder diejenige hat. Ich habe mir die Sachen von anderen angesehen und mir vorgestellt, sie selbst zu besitzen. Ich wollte das unbedingt auch alles haben.

Neben den materialistischen Dingen war ich ständig dabei, mich mit anderen zu vergleichen. Die einen haben bessere Noten oder eine abgeschlossene Ausbildung oder ein Studium. Die anderen haben bereits gute Jobs und verdienen viel Geld. Der eine kann das besonders gut, die andere ist in dem sehr erfolgreich. Ich habe von allen mehr gehalten als von mir. Ich habe mein ganzes Leben darauf geschaut, was andere machen.

Nun war ich zum ersten Mal bei mir selbst. Ich weiß heute, dass alle Antworten in einem selber liegen. Statt außen nach Antworten zu suchen, habe ich in mein Inneres gesehen. Ich habe erkannt, dass das, was ich gut kann, schon eine sehr lange Zeit vor meiner Nase lag. „Stift und Papier sind immer dabei", das steht auch in diesem Buch. Mein Talent ist das Schreiben. Ich bin ein Schreiber.

Dadurch hat sich alles verändert. Alles Gute kommt zu denen, die echt bleiben.

■■■

Danke,

an alle Freunde von früher und heute. Ich bin umgeben von tollen Menschen, und keiner von Euch ist aus meinem Leben noch wegzudenken.

Danke an Bobby, Caro, Salo und Katharina von der „Dekeyser & Friends Stiftung" für die Chance. Danke, dass Ihr mir ein Zuhause gegeben habt. Ihr habt das möglich gemacht.

Danke an meinen Verlag. Stefan und Julia von Ankerherz. Das Buch ist genau so geworden, wie ich es mir vorgestellt habe. Damit geht ein Traum in Erfüllung.

Ich wollte meine Großeltern immer stolz machen. Oft habe ich sie enttäuscht.

Jetzt wären sie stolz. Danke für alles.